LES ÉDITIONS DE BEAUVILLIERS

MICHAËL PLOCQUE

Métropolitaine(s)

Les Éditions de *Beauvilliers

© Les Éditions de Beauvilliers, 2020.

1 rue Honoré - 93500 Pantin.

ISBN 978-2-38123-005-4

Dépôt légal : Septembre 2020

Métropolitaine(s)

Une ville ressemble à un animal.
Elle possède un système nerveux, une tête, des épaules
et des pieds. Chaque ville diffère de toutes les autres :
il n'y en a pas deux semblables.

John Steinbeck

AMÉNITÉS MÉTROPOLITAINES

ILE-DE-FRANCE ET AMBIVALENCE

— Mademoiselle Ile-de-France, peux-tu sur toi un peu
plus en révéler ?
Je ne te connais que trop peu, peux-tu un petit peu plus
te dévoiler ?

— Oui certainement cher habitant, que souhaitez-vous
savoir ?
— Dites-moi de votre étendue ce que l'on peut apercevoir.

— Eh bien sachez que je ne suis pas qu'une zone urbanisée.
J'existe autrement que par Montmartre et les Champs-Élysées.

Bien sûr, Paris trône en mon cœur, j'en suis fière,
que dis-je ravie.
Mais plus loin, des coins, des recoins me sont aussi
desservis.

Venez me rencontrer avec désir, je vous suis tout ouverte.
J'ai tant de choses à vous montrer, venez à ma découverte.

En superficie je fais plus de 110 fois la taille de la capitale.
Sept additions, une division, exercice de calcul mental.

Après le périphérique m'encercle une petite couronne.
Veille sur mon territoire la tour Eiffel en patronne.

Départements Seine-Saint-Denis, Val-de-Marne
et Hauts-de-Seine.
De moi vous connaissez le Bois de Boulogne
et celui de Vincennes.

Mais j'ai bien d'autres espaces verts à mon inventaire.
Là où le végétal et la photosynthèse sont prioritaires.

D'abord la forêt de Meudon, de l'Observatoire
belle vue cosmique.
Pour scruter les astres, focus la Grande Lunette
astronomique.

Avant Versailles, forêt de Fausses-Reposes,
plus haut celle de la Malmaison.
Limitrophe de la ville d'Antony, le domaine de Sceaux
a ses arbres en floraison.

Préférez-vous la visite du parc de la Vallée-aux-Loups
à Châtenay-Malabry ?
Ou peut-être celle du domaine de Grosbois tout à côté
de Marolles-en-Brie ?

D'un côté, parc Georges-Valbon, de l'autre en boucle
de Seine celui des Chanteraines.
Respectivement villes de La Courneuve
et de Gennevilliers, Villeneuve-la-Garenne.

Venez embrasser le parc de Saint-Cloud là-haut,
sur les hauteurs.
Venez discuter avec moi, venez humer mes innombrables
senteurs.

Allez, éloignons-nous un peu de mon urbanité.
Allez, échappons-nous un peu de ma rapidité.

Nous arrivons désormais dans ma grande couronne
plus en colline.
Départements Seine-et-Marne, Val-d'Oise, Essonne
et Yvelines.

À eux quatre ils représentent plus de 9/10ᵉ de ma région.
En ces lieux, nature et biodiversité sont légion.

Malgré ma forte urbanisation, je reste encore
majoritairement rurale.
Lors de la rosée du matin, les cultivateurs travaillent ma
terre ancestrale.

Plus on s'écarte de mon centre, plus je divulgue ma beauté
verdoyante.
Monsieur l'habitant, avez-vous déjà parcouru ma richesse
attrayante ?

Plusieurs forêts domaniales composent mon espace
géologique.
Des zones naturelles d'un précieux intérêt faunistique
et floristique.

La forêt de Fontainebleau en son cœur le château style
Renaissance.
Chênes, pins sylvestres, hêtres, ici, multiplicité
des essences.

En lisière de l'Eure-et-Loir, nous entrons en forêt
de Rambouillet.
Prudence ! Possibles rencontres avec des cerfs,
chevreuils ou sangliers.

Les châtaigniers se détendent en forêt de Sénart
mais aussi dans celle de Montmorency.
Dans un méandre, le domaine de Saint-Germain-en-Laye
toque à la porte de Chambourcy.

En forêt de Verrières, d'Armainvilliers, de Rosny
ou de Marly, avec moi soyez tactiles.
Je dispose d'un fort réservoir naturel à Notre-Dame,
répertoriés batraciens et reptiles.

Quelle douceur ! L'ONF protège mes quatre Parcs naturels
régionaux.
Respect de la charte grâce aux initiatives des acteurs
communaux.

Le Parc de l'Oise – Pays de France est à cheval sur l'Oise
et le Val-d'Oise.
Au château de Chantilly peuvent s'y rendre facilement
les Compiégnoises.

Sur sol calcaire, proche de Giverny, on préserve
mon architecture.
Le Vexin français est cerné par une dominance
d'agriculture.

S'érige dignement le château de la Madeleine
dans la Haute Vallée de Chevreuse.
J'ai réalisé des sentiers de randonnée pour les personnes
les plus aventureuses.

Bienvenue dans le Gâtinais français, sous le vent
de toute mon âme je frissonne.
Étampes en bordure, à moi sont fiancées les rivières
l'École et de l'Essonne.

Pauvre de moi, urbanisation en tache d'huile,
avec moi soyez attentionnés.
Mes hectares s'effacent, je subis votre mitage urbain,
grignotage chaque année.

En cause la pression foncière de vos envies sans limite.
Vous me faites des trous tel un pull mangé par les mites.

En ville, vous ne trouverez pareilles équivalences.
Chut ! Venez écouter ma sérénité, mon silence.

Ô SEINE !

Ô Seine !
Toi qui es nichée en Côte-d'Or à plus de 470 mètres
d'altitude.
Encore toute jeune, à peine épanouie, tu manques encore
d'aptitude.
Encore timide, encore frêle, tu entames ton chemin
tout en douceur.
Dans la géologie du Bassin parisien, tu peines à ruisseler
en taille minceur.

Ô Seine !
Petit à petit, tu fais ton lit, tu vas parcourir une longue
distance.
Tu vas traverser départements et régions françaises
en endurance.
Ni une ni deux, tu salues la ville de Troyes du sud au nord.
Dans la forêt d'Orient, la nature en sonore t'honore.

Ô Seine !
Poursuite dans la Marne, Fontainebleau et sa forêt.
Tu voyages le long de celle de Sénart avec grand intérêt.
La capitale est à toi ! Tu l'as franchie avec bravoure.
Entre vous deux, va naître une belle histoire d'amour.

Ô Seine !
Tu encercles l'île Saint-Louis, de la Cité et celle aux Cygnes.
J'aime te voir dessiner gracieusement une jolie courbure
de ligne.
De nombreux bateaux-mouches et péniches te caressent.
Pendant Paris-Plage, devant toi les Parisiens décompressent.

Ô Seine !
Virage à 180 degrés, doux baiser à la Seine Musicale.
Tu dois filer, manque de temps pour un spectacle vocal.
Rencontre avec l'ensemble des départements d'Ile-de-France.
Malgré le stress urbain, tu restes sereine dans cette vibrance.

Ô Seine !
La forêt de Saint-Germain a-t-elle été bienveillante
lors de ta venue ?
Le Parc naturel régional du Vexin t'a-t-il souhaité
la bienvenue ?
Les embruns de la Normandie se font sentir.
L'Eure, la Seine-Maritime : ne pas ralentir.

Ô Seine !
Tu coules sous les rives de la ville de Rouen avec agilité.
Tu passes sous des ponts aux noms de françaises célébrités.
Jeanne d'Arc, Guillaume le Conquérant et Gustave Flaubert.
L'île Lacroix t'ouvre en deux. Ici, nous ne sommes pas
au pays du camembert.

Ô Seine !
Les maisons à colombages sont ravissantes, les vaches
te saluent.
Tu méandres dans la forêt domaniale de Brotonne
toute feuillue.
Les ébats avec le Parc des Boucles de la Seine Normande
sont-ils exquis ?
Être bon nageur si l'on veut s'y aventurer semble
le minimum requis.

Ô Seine !
Le pont de Tancarville te prend de haut mais qu'importe,
tu y es presque.
Ville du Havre, tu passes sous le pont de Normandie,
quel ouvrage titanesque !
Les maisons aux façades d'ardoises de Honfleur
sont si charmantes.
Tu te déverses dans la réserve naturelle de l'estuaire,
finie la tourmente.

Ô Seine !
Au fil de ta promenade, tu t'es faite amie avec moult affluents.
Tu as su t'imposer malgré le débat avec l'Yonne
en confluent.
Es-tu consciente du nombre de kilomètres parcourus ?
Tu peux t'en vanter.
Tu peux être fière de toi, regarde tous les territoires
que tu as su arpenter.

Ô Seine !
En ton honneur, de nombreux peintres t'ont mise en valeur.
Monet, Pissarro ou encore Renoir : pinceaux et couleurs.
En fonction de la météo, tu changes rapidement
d'ornement.
En 1910 à cause de la pluie, tu étais en très fort
mécontentement.

Ô Seine !
Dans tes flots aisément nous nagions jadis.
Le président Chirac promit sous témoins le bain en 1990.
Je ne désespère qu'un jour nous pourrons dans tes eaux
faire un plongeon.
Si un jour, nous urbains, nos habitudes nous changeons.

DANS PARIS

Dans Paris, il y a un pont ;
Sous le pont, il y a la Seine ;
Dans la Seine, il y a un poisson ;
Dans le poisson, il y a du plastique ;
Dans le plastique, il y a du polymère ;
Dans le polymère, il y a du pétrole ;
Dans le pétrole, il y a de l'hydrocarbure ;
Dans l'hydrocarbure, il y a du carbone ;
Dans le carbone, il y a un atome ;
Dans l'atome, il y a un noyau atomique ;

Le noyau atomique renversa l'atome ;
L'atome renversa le carbone ;
Le carbone renversa l'hydrocarbure ;
L'hydrocarbure renversa le pétrole ;
Le pétrole renversa le polymère ;
Le polymère renversa le plastique ;
Le plastique renversa le poisson ;
Le poisson renversa la Seine ;
La Seine renversa le pont ;
Le pont renversa la ville de Paris.

Texte réalisé sur le modèle du poème *Dans Paris* de Paul Éluard.

DESTINATION PARIS SAINT-LAZARE

De Paris, tu es celle la mieux que je connaisse.
Logique, tu m'as vu grandir durant ma jeunesse.

De ma gare à chez toi, mon parcours est assez rapide.
J'habite dans le nord des Hauts-de-Seine, trajet limpide.

Moins de dix minutes en omnibus, plus rapide en direct.
À peine cinq kilomètres, ratio distance temps très correct.

Depuis tout petit, je te côtoie, je te contemple.
Je t'observe, je te fréquente, toi l'éloquente !

Gravitent autour de toi des rues aux noms de capitales.
Rue d'Amsterdam, rue de Rome, l'Italienne instrumentale.

Rue de Vienne, Stockholm, Madrid et Budapest.
Rue de Londres, Athènes, Milan et Bucarest.

Rome – Havre, tu es prise deux cours en écart de 200 mètres.
Sur le territoire européen, tablons plutôt sur 1 600 kilomètres.

La jonction s'effectue par l'étroite rue Intérieure.
Au travers la lentille de verre, la lumière vient de l'extérieur.

Sss Sss, les trains serpentent sur tes voies.
Transilien, TER, Intercités en variés convois.

Je dois repasser par chez toi pour séjourner en Normandie.
Oups, j'ai pris un train pour Mantes-la-Jolie, quel étourdi !

Vous allez à Cherbourg ou à Trouville ? Soyez à l'heure !
Le Calvados, la Manche, c'est un peu moins loin
pour aller dans l'Eure.

Une fois, je suis allé à tes objets trouvés à côté
de la voie 27.
Tes quais sont petits, l'hiver glissant, priorité
aux poussettes.

La culture entre en toi : accueil d'expositions photos.
Mise à disposition d'un piano, parfois de petits concertos.

Avez-vous remarqué les vitraux de Charles Sarteur ?
Au fil des années on s'occupe de toi, tu fais fureur !

Depuis ta création, tu as su préserver ton caractère
ferroviaire.
Médaillons sur ta façade, deux horloges et une grande
verrière.

Tu défis le temps, sur toi n'a d'impact la rouillure.
Hiver comme été, tu es séduisante, j'aime ton allure.

Imperturbable, le matin tu dégueules de monde,
le soir tu l'engloutis dans la bousculade.
Certains n'ont pas terminé leur trajet, c'est ici aussi
le départ des bus à côté des arcades.

Au départ, je me plais à laisser monter en premier
les dames.
Arrivée en entonnoir, je préfère sortir en dernier
de la rame.

En tes murs c'est vrai, des passagers parfois tapent des esclandres.
Soit ! Quelle que soit l'heure, fidèle, tu es toujours là à m'attendre.

GASTÉROPODE

Paris, c'est comme un gros escargot mais sans antenne.
Ce gastéropode-là est traversé par la Seine.
Autrefois, la capitale était divisée en douze
arrondissements.
Après annexion des communes avoisinantes, Paris connut
un élargissement.
Sur décret de Napoléon III, vit le jour un nouveau
redécoupage en 1860.
Numérotés de 1 à 20, disposition en spirale, du centre vers
l'extérieur, ville de Paris grossissante.

François 1er déambule dans les allées du Forum
des Halles en recherche d'une chamarre de satin blanc
pour sa photo officielle.
Une fois son achat effectué et ravi d'avoir trouvé sa taille,
il marche rue Étienne-Marcel, à cheval entre
le 1er et le 2e arrondissement.
Par hasard, François Ier croise les *Deux Flics à Miami*.
Les deux inspecteurs sont attendus à l'avant-première
de leur film au cinéma du Grand Rex.
Après avoir été acclamés par un public conquis,
ils marchent boulevard de Sébastopol, à cheval entre
le 2e et le 3e arrondissement.
Par hasard, les *Deux Flics à Miami* croisent *Les Trois
Frères*.
Didier, Bernard et Pascal sont actuellement en
représentation sur les planches du théâtre Déjazet.
Une fois le spectacle achevé et les gens pliés,
ils marchent rue des Francs-Bourgeois, à cheval
entre le 3e et le 4e arrondissement.

Par hasard, *Les Trois Frères* croisent *Les 4 Fantastiques*.
Pour dégâts causés à la bibliothèque du Centre Pompidou,
les super-héros doivent être entendus à la préfecture
de Police.
Après deux heures d'audition, ils traversent le pont
de Sully, à cheval entre le 4e et le 5e arrondissement.
Par hasard, *Les 4 Fantastiques* croisent *Le Club des Cinq*.
Claude et ses amis s'acheminent en direction des allées
du Jardin des plantes.
Une fois le thé à la menthe délecté à la Grande Mosquée,
ils marchent boulevard Saint-Michel, à cheval
entre le 5e et le 6e arrondissement.
Par hasard, *Le Club des Cinq* croise *Les Six Compagnons*.
Tidou et sa bande franchissent les grilles du jardin
du Luxembourg. Objectif : cache-cache géant !
Épuisés par leur poursuite, ils marchent rue de Sèvres,
à cheval entre le 6e et le 7e arrondissement.
Par hasard, *Les Six Compagnons* croisent les sept nains.
Prof suivi par ses camarades mineurs arrivent au pied
de la tour Eiffel. Grincheux rouspète d'avoir à faire
trois heures de queue leu leu.
Une fois l'ascension effectuée, ils traversent le pont
Alexandre III, à cheval entre le 7e et le 8e arrondissement.
Par hasard, les sept nains croisent *Les Huit Salopards*.
Samuel L. Jackson et ses acolytes préparent un sale coup
sur les Champs-Élysées.
Après dépôt du magot à l'hôtel de Crillon,
ils marchent rue d'Amsterdam, à cheval entre
le 8e et le 9e arrondissement.
Par hasard, *Les Huit Salopards* croisent Ludwig van
Beethoven, la partition de la *9e Symphonie* sous le bras.
Le prodige allemand se produit ce soir en concert
exceptionnel sur la scène de l'Olympia.

Il quitte la salle sous les applaudissements, puis marche
rue du Faubourg-Poissonnière, à cheval entre
le 9ᵉ et le 10ᵉ arrondissement.
Par hasard, Ludwig van Beethoven croise *Les Dix Petits
Nègres.*
Munis de tickets, les protagonistes du roman d'Agatha
Christie rentrent au Manoir de Paris.
Aucun n'a disparu après la visite. Ils marchent
rue du Faubourg-du-Temple, à cheval entre
le 10ᵉ et le 11ᵉ arrondissement.
Par hasard, *Les Dix Petits Nègres* croisent les acteurs
du film *Ocean's Eleven.*
Julia Roberts, George Clooney, Brad Pitt, Matt Damon
et les autres s'apprêtent à effectuer le casse du Cirque
d'Hiver.
Prévenue, la police les attend déguisée en clown.
Ils fuient rue du Faubourg-Saint-Antoine, à cheval
entre le 11ᵉ et le 12ᵉ arrondissement.
Par hasard, les acteurs du film *Ocean's Eleven* croisent
Astérix et Obélix engagés dans *Les Douze Travaux.*
La première épreuve pour Astérix ? Vaincre le champion
de marathon Mérinos en course de vitesse allant
de la place de la Bastille à celle de la Nation.
Victoire haut la main ! Le second défi ? Traverser
à cloche-pied le pont de Bercy, à cheval entre
le 12ᵉ et le 13ᵉ arrondissement.
Par hasard, Astérix et Obélix croisent Jason Voorhees,
le tueur du film *Vendredi 13.*
Cerné par deux internes, le *serial killer* est emmené
à l'hôpital de la Pitié-Salpêtrière.
Même habillé d'une camisole de force, il arrive
à s'échapper par la rue de la Santé, à cheval
entre le 13ᵉ et le 14ᵉ arrondissement.

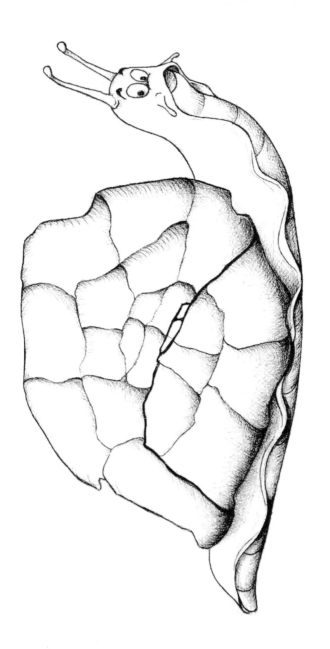

Par hasard, Jason Voorhees croise Louis XIV.
Se faisant discret, le Roi-Soleil s'engouffre
dans les Catacombes de Paris où l'attend secrètement
sa maîtresse, Madame de Montespan.
Une fois l'affaire conclue, il marche rue du Départ,
à cheval entre le 14e et le 15e arrondissement.
Par hasard, Louis XIV croise l'équipe du XV de France.
Le coach attend de pied ferme les rugbymen
pour un entraînement délocalisé au sein du parc
André-Citroën.
Les exercices continuent par un échauffement en petite
foulée sur le pont Mirabeau, à cheval entre le 15^e
et le 16e arrondissement.
Par hasard, l'équipe du XV de France croise Benoît XVI.
Les auditeurs s'impatientent d'écouter la bénédiction
du souverain pontife sur les ondes de la Maison de la Radio.
Une fois la sainte parole répandue, il marche avenue
de la Grande-Armée, à cheval entre
le 16e et le 17e arrondissement.
Par hasard, Benoît XVI croise Louis XVII.
Âgé de 10 ans, le jeune Louis-Charles de France
se rend sur les bancs du lycée Carnot.
La cloche sonnant la fin de journée, il marche avenue
de Saint-Ouen, à cheval entre le 17e et le 18^e
arrondissement.
Par hasard, Louis XVII croise Charles de Gaulle
en pleine écriture de son appel du 18 Juin.
Le général pense trouver l'inspiration dans la ferveur
de la place du Tertre. Quelques écrivains assis pas loin
se joignent à lui pour l'aider dans sa tâche.
Discours peaufiné, il marche rue d'Aubervilliers, à cheval
entre le 18e et le 19e arrondissement.

Charles de Gaulle doit se rendre au Zénith pour une
réunion en présence des 19 pays membres de la zone euro.
Une fois conciliabules échangés, ils marchent
rue de Belleville, à cheval entre le 19^e
et le 20e arrondissement.
Par hasard, les 19 membres de la zone euro croisent
Virginie Efira et Pierre Niney en tournage d'une scène
du film *20 ans d'écart*.
Le parc de Belleville est transformé en plateau de cinéma.
Après cette rude journée, les deux acteurs foncent
à Deauville, appelée le 21e arrondissement de Paris.
Là-bas, en Normandie, c'est la côte Fleurie et la Manche
qui vous sourient.

PRENONS L'AIR AVEC LE RER

Le Réseau Express Régional se déploie jusque
dans le périurbain.
Environ 620 kilomètres de voies, de A à E, cinq lignes
le composent.
Mises bout à bout, distance entre Bordeaux et Aix-les-Bains.
12 400 longueurs de piscines olympiques si on les juxtapose.

Navette domicile-travail, banlieue-Paris en mouvement
pendulaire.
Ici, point de sujet lié aux problèmes de fonctionnement
et de saturation.
Respirez un grand coup, laissez de côté la foule en période
caniculaire.
Allez, c'est parti ! Montez pour le voyage de notre
agglomération.

Le RER A compte 109 kilomètres de tracé.
La ligne coquelicot traverse l'Ile-de-France d'ouest
en est.
Sens de la marche, côté fenêtre, bien assis, bien placés ?
Terminus à Saint-Germain-en-Laye, l'Histoire remplace
la sieste.

Érigé à l'époque de Louis VI le Gros, du XIIe siècle est
son château.
Aujourd'hui, il abrite le musée d'Archéologie nationale.
Façonnage du jardin, André Le Nôtre a dû prendre
quelques râteaux.
Un décret datant de 2019 classe en protection sa forêt
domaniale.

Haut de la boucle séquanienne, l'embranchement s'achève
à Poissy.
On y découvre le musée du Jouet dans un bâtiment
médiéval.
Des ateliers pour les enfants y sont organisés, si si !
Remplis de jeux anciens, trains électriques et bateaux
à pédales.

Plus au nord, en frontière du Vexin, se la coule douce
l'Ile de loisirs de Cergy-Pontoise.
Fréquentée par les plus jeunes des Franciliens
qui ne peuvent partir l'été en vacances.
On y organise la cueillette des déchets, dans la vague
à surf, on pavoise.
Dans les zones interdites à la baignade, du ciel les drones
renforcent la vigilance.

Dans l'autre direction, deux embranchements
pour la partie est de la ligne.
Chacun sa trajectoire, l'un est rectiligne, l'autre choisit
d'être curviligne.
Rude combat pour s'implanter en France, welcome
to Disneyland Paris.
Vous y accueillent Mickey et Minnie, les plus gentilles
des souris.

Tout en souplesse, nous descendons à Boissy-Saint-Léger.
Commune du Val-de-Marne dénommée capitale
des orchidées.
Le château de Grosbois se prélasse dans un luxueux
domaine paysager.
Il y abrite le musée des Courses accessible uniquement
en visite guidée.

Le RER B s'allonge sur 80 kilomètres.

Sur un axe nord-est/sud-ouest, la ligne cobalt traverse
l'Ile-de-France.

À l'aéroport Charles-de-Gaulle, les pilotes guettent
le baromètre.

Ici, les passagers se rencontrent dans la plus totale
indifférence.

Mes excuses pour Mitry-Claye, en ce moment j'ai la tête
en l'air.

Avec l'espace, un musée lui est dédié, certains se rêvent
aviateur.

Piste en vue, immédiat atterrissage, aujourd'hui le ciel
est clair.

Nous sommes au Bourget entourés d'avions d'époque
et de simulateurs.

Au sud, c'est Robinson. Parti précipitamment de chez lui,
Crusoé a oublié son blouson.

Pourra-t-il visiter le château du parc de Sceaux ainsi ?

Nous sommes un vendredi.

La Haute Vallée change de couleur de saison en saison.

À Saint-Rémy-lès-Chevreuse, le chêne pédonculé
se verdit.

Le RER C dessine 187 kilomètres de voies en totalité.

La ligne ocre dessert l'ouest de l'Ile-de-France
sur une grande superficie.

Tout en haut, c'est la gare de Pontoise, la ligne A du RER
en proximité.

Le musée Camille-Pissarro a les pieds dans l'eau,
les visiteurs apprécient.

Élancourt, pas loin de Saint-Quentin-en-Yvelines,
voilà France Miniature.
Petit à petit, les maquettes aux régionales architectures
se dévoilent en minus.
À Versailles, le Roi-Soleil nous attend pour la balade
du Grand Canal cerné de verdure.
Si nous sommes sages, nous entrerons au domaine
de Marie-Antoinette en bonus.

Le donjon du château de Dourdan regarde l'Eure-et-Loir.
Dans sa forêt, les chevreuils se lient d'amitié avec les cerfs.
La communauté d'agglomération de l'Étampois Sud-
Essonne est labellisée *Villes et Pays d'art et d'histoire*.
Dans le domaine de Chamarande, le jeu de l'oie grandeur
nature pourra vous plaire.

Le RER D totalise 190 kilomètres d'étendue.
La ligne prairie traverse l'Ile-de-France, nord/sud
est son axe.
Région des Hauts-de-France. Feu la Picardie, évitons
tout malentendu.
Au sein des Grandes Écuries de Chantilly, les acolytes
de Joly Jumper s'y relaxent.

À côté de Melun, demeure de Nicolas Fouquet,
c'est le château de Vaux-le-Vicomte.
Architecte Louis Le Vau, peinture de Charles Le Brun,
le guide nous le raconte.
À Yerres, découverte de la propriété Caillebotte,
site propice à l'inspiration idyllique.
À Juvisy-sur-Orge, l'observatoire Camille-Flammarion est
classé Monument historique.

Le RER E s'étend sur 56 kilomètres de voies ferrées.
Début Haussmann-Saint-Lazare, la ligne s'appelle aussi
Éole.
Une partie en sous-sol, une aérée, on peut quand même
y respirer !
La ligne fuchsia dessert l'est de notre région agricole.

Le château de Champs-sur-Marne est à quelques distances
de Chelles-Gournay.
Sa construction commença en 1703, à l'époque la marquise
de Pompadour y séjournait.
La commune de Tournan est nichée sur le plateau
de la Brie.
La Nationale résonne. Pour plus de quiétude, réalisons
un mur antibruit.

À l'ouest, tu vas te prolonger jusqu'à Mantes-la-Jolie.
Passages obligés *via* La Défense et Nanterre-la-Folie.
Ile-de-France, j'erre dans tes paysages de manière sereine.
Ile-de-France, territoire aux mille facettes, tu es une reine.

LA VILLE AU RYTHME DES SAISONS

Le printemps en ville, les arbres s'épanouissent
et les fleurs s'étendent de tout leur corps.
Les corps se dévêtent un peu plus. Les chemises s'ouvrent,
les jupes se raccourcissent.
La nuit se raccourcit petit à petit. Une tendance à investir
la ville de plus en plus tard au fil des journées.
Par une belle journée ensoleillée, les terrasses
se remplissent. S'y dégustent les premières bières
de printemps.

L'été en ville, nous passons notre temps à dire qu'il fait
trop chaud.
Par de chaudes températures, les vacances libèrent
la ville de ses habitants. N'oubliez pas de boire de l'eau.
Les points d'eau installés dans la ville permettent
aux enfants de se désaltérer par canicule.
La canicule frappe de plus en plus fort nos aînés. Quelles
solutions pour faire face à l'îlot de chaleur urbain coriace
l'été ?

L'automne en ville, les feuilles tapissent la ville
d'un flambant tapis rouge, parfois d'un sublime orange.
Le soleil orangé est fatigué lui aussi, il va se coucher
de plus en plus tôt. Nous le saluerons demain matin.
Le matin, sortent de l'armoire les écharpes et les gants.
Se ressent la diurne fraîcheur.
Fraîcheur des journées plus courtes, une heure
de sommeil en plus. Paul Verlaine écrivit *Chanson
d'automne*.

L'hiver en ville, nous passons notre temps à dire
qu'il fait trop froid.
Ce froid glacial transforme la ville en patinoire.
Les passants s'y cassent souvent la figure.
La figure du bonhomme de neige est quasi terminée,
il ne manque plus que la carotte en guise de nez.
Si vous avez le nez qui coule, c'est que vous ne vous êtes
pas assez couverts, symptôme de l'hiver.

PIGALLE, PETITE COQUINE !

Souvent, je pars en soirée dans ton quartier tout agité.
Souvent, je débarque dans ton quartier tout excité.

Dans le boulevard de Clichy je t'arpente.
9ᵉ et 18ᵉ arrondissement je te serpente.

Au nord, butte Montmartre, au sud, La Trinité.
À Paris, ton premier amour, tu as juré fidélité.

N'est pas loin ta douce et tendre copine la place Blanche.
Elle prend sensuellement le Moulin Rouge par la hanche.

Scintillent de mille feux ses quatre longues pales.
Ce soir, Mistinguett et French Cancan, je me régale.

À sa gauche, la discothèque La Machine pour les fêtards.
Musique techno et stroboscope pour les couche-tard.

L'Élysée Montmartre, la Boule noire, le Divan du Monde.
De jolies filles, de belles brunes, de charmantes blondes.

Le Trianon, Bus Palladium, Le Folie's Pigalle et sa façade.
Les corps se rapprochent, coup d'œil furtif et embrassade.

Les Trois Baudets et la Cigale n'en déplaise à La Fontaine.
Quelle chaleureuse rencontre ! Heure de rentrée incertaine.

Les variés sex-shops ont des enseignes évocatrices.
Nombreux peep-shows aux couleurs provocatrices.

Violet, rose, jaune, un peu de bleu, le rouge en dominante.
Accessoires, revues, vidéos, lingeries, des tenues étonnantes.

Les visiteurs ou habitués pénètrent dans les bars à hôtesses.
Envie d'un strip-tease ? Certains acceptent en ivresse.

Grimpons la rue Lepic chère à la fabuleuse Amélie.
4 heures du matin ! N'est-il pas l'heure d'aller au lit ?

Fermé ! Feu le musée de l'érotisme, l'art de la fécondité.
Vente aux enchères de ses objets d'une débridée sexualité.

Serge Lama a chanté tes p'tites femmes, prostituées
et adultères.
Au musée de la vie romantique, de George Sand
un bel inventaire.

Tournée du Chat noir de Rodolphe Salis, lieu
du Tout-Paris.
Aristide Bruant le fréquente dans la ferveur et dans
les cris.

Coquette, tu aimes te faire belle devant les caméras,
tu resplendis.
Une série de huit épisodes la nuit, *Ripoux contre ripoux*
de Claude Zidi.

Autrefois, rôdaient les truands, retentissaient des tirs.
L'atmosphère redescend doucement rue des Martyrs.

En journée, des cars de touristes sont en stationnement.
Et toi, tu attends que la nuit tombe impatiemment.

Fin de soirée, la foule cherche des taxis désespérément.
Pour une fringale certains t'accaparent goulûment.

Fin de soirée ou début de matinée, le regard devient vitreux.
Envie d'un massage ? L'homme vidé est un homme heureux.

Ton quartier rend hommage au sculpteur Jean-Baptiste
Pigalle.
Lieux d'échanges corporels, de relations extraconjugales.

Tapageuse, tumultueuse, bavarde, je t'aime en déambule.
Chaude, bouillante, bruyante, je t'aime en noctambule.

PLIC, PLOC !

La goutte d'eau voit le jour là-haut dans les nuages.
Là ou les blancs moutons sont en embouteillage.
Sans parachute, elle va faire le grand saut.
Où se fera l'atterrissage ? Peut-être dans un ruisseau.

Elle file tout en verticalité, allez, c'est parti !
Va-t-elle arriver avant le temps imparti ?
En réalité, on se moque bien du chronomètre.
Par contre, nous serons attentifs au baromètre.

De l'atmosphère, descente rapide en gravité.
D'autres s'accouplent pour faire face à l'adversité.
Tu es fine, épaisse ou adoucissante.
Un jour relaxante, le soir même assourdissante.

Te voilà en ville, voici la fin de la croisière.
En vol, récupération de quelques poussières.
Plic ! Premier contact avec les cheminées en brique.
Ploc ! Au-dessus des toits en zinc, le ciel est électrique.

Tu rebondis sur les terrasses de façon fracassante.
Tu ricoches sur les vitrines des commerçantes.
Tu perles de feuille en feuille et parfois tu sautilles.
Tu ravis les espaces verts, les jardins s'en émoustillent.

Les chaussures sont trempées, le parapluie est déployé.
Le ciré est de sortie, les grands moyens sont employés.
Tu te transformes en gel en températures négatives.
Quand la chute n'est pas loin, alors fusent les invectives.

Tu deviens gadoue mélangée à la terre.
Bouche ouverte, les enfants se désaltèrent.
En effet miroir, tes flaques sont inspirantes.
Que je te trouve raffinée transparente !

Ploc ! La goutte tombe sur le store de la boulangerie.
Plic ! La goutte dégouline sur le carreau de la librairie.
Tu te cognes violemment contre les fenêtres.
Triste sort alors même que tu viens à peine de naître.

Tes molécules agglomérées ruissellent dans le caniveau.
En abondance, vérification des égouts et de leur niveau.
Conséquence, tu fais déborder les rivières et les fleuves.
« Bonjour grenouille », des jours qu'elle attendait qu'il pleuve.

Nous te chérissons lorsque de toi nous avons la maîtrise.
Un peu moins lorsque tu nous prends par effet de surprise.
Énervée, voire en colère, tu n'es guère appréciée.
Le plus important ? C'est que la nature aime à te remercier.

AMOUR URBAIN IMPOSSIBLE

Boulevard périphérique,

Comment rendre tes hectares moins tristes ?
Comment te rendre un peu plus humaniste ?

Comment valoriser ta longueur goudronnée ?
Comment mettre en valeur ta largeur bétonnée ?

Prends exemple sur les Maréchaux, mieux sur la Petite
Ceinture.
Ils y ont mis de l'espace et aussi un peu de verdure.

Depuis des années, les Parisiens et les Franciliens
te connaissent par cœur.
Bien souvent, ils sont contraints de te surmonter
à contrecœur.

Avec ton ruban de mobilité, tu étouffes et asphyxies Paris,
la capitale.
Pas de répit, tu es pris d'assaut dès les premières minutes
matinales.

En s'engageant sur ton cerceau, certains rêvent encore pas
bien réveillés.
À l'arrêt ou à 5 km/heure, on te connaît couramment
embouteillé.

Les conducteurs s'énervent, certains peinent à garder
leur mal en patience.
Avec la radio en fond sonore mélangée aux klaxons,
le maître mot est la résilience.

Chaque jour, c'est un défilé de pots d'échappement,
sans cesse un fort trafic.
Des millions de kilomètres au quotidien : affluence
et saturation horrifique.

Sens horaire, mitoyenneté à Paris, les automobilistes
te circulent en intérieur.
Sens antihoraire, proche banlieue, on te fréquente
en extérieur.

Poids lourds, camions, utilitaires, taxis, véhicules légers
ou bien de courtoisie.
Toc, toc, toc ! Tu sonnes à toutes les portes dans
ton urbaine et folle frénésie.

En nocturne, à fond les ballons, c'est si bon
les accélérations.
Limitation de vitesse à 70, rentrons entier, requise
décélération.

Parsemés radars automatiques et caméras
de surveillance.
Et si nous arrêtions les conduites d'animosité
et de malveillance ?

Stoppons le ballet des ambulances, le bruit des gyrophares.
Cessons les comportements à risques et les chauffards.

Panneaux à messages variables : travaux, accident, pollution.
Avertir, informer la population est un gage de précaution.

Impact sur l'environnement et problème de santé publique.
Nuisances sonores et forte dégradation atmosphérique.

Dioxyde d'azote, particules fines : médiocre qualité de l'air.
J'ose croire que tu peux avoir un visage plus clair.

Barrière infranchissable par ton infrastructure autoroutière.
Paris aime en secret la banlieue : quelle petite cachotière !

Tu contraries cet amour d'antan, elles ne peuvent pas
se cajoler.
Elles s'aiment en secret mais ne sont pas autorisées
à batifoler.

S'il te plaît, laisse-les s'embrasser, entre elles deux
sois l'entremetteuse.
S'il te plaît, mets-y du tien un petit peu, autorise
cette caresse langoureuse.

LES CYGNES DES LACS

Cher Bois de Boulogne,

Depuis mon enfance, je te pratique.
Plus je te côtoie, plus tu m'es sympathique.

J'aime à me perdre dans les hectares de ton territoire
végétal.
Hors périphérique mais 16e arrondissement de la capitale.

Poumon vert comme ton ami le Bois de Vincennes.
Salutations à l'île de Puteaux en jonction des Hauts-de-Seine.

Dans le Jardin d'acclimatation, les enfants se déchaînent.
J'affectionne tes allées à contempler tes beaux chênes.

Que j'apprécie me balader dans le parc de Bagatelle,
c'est une éclosion de bourgeons.
Attention tous aux abris, terrain hostile ! Nous arrivons
aux tirs aux pigeons.

Les chrysanthèmes sont épanouis, les iris sont en fleur.
Je ne me lasse de ta roseraie de toutes les couleurs.

Orchidées, fougères, bégonias, broméliacées, ficus
et palmiers endémiques.
Jardin Shakespeare, Chalet des Iles, au Pré Catelan menu
gastronomique.

Je me languis de ton ambiance, de ta forestière densité.
Quelle richesse biologique ! Quel réservoir de biodiversité !

Les chênes sessiles peuplent ton massif boisé.
Sycomores, frênes, tilleuls et charmes à la croisée.

Jacinthes des bois, cytises communs aussi
des mercuriales vivaces.
Se dressent en toi des érables, ormes et pins avec audace.

Une balade en barque ? Les cygnes barbotent mais
nous guettent.
J'admire tes lacs, laissons se reposer la pelouse
de la Muette.

Tu es un habitat pour de nombreuses espèces animales.
Rempli d'une multitude de bébêtes d'intérêt patrimonial.

On observe chez toi la belle grive musicienne.
Au printemps, la pie bavarde fait des siennes.

La nuit, virevoltent les chauves-souris forestières.
La nuit, la chouette hulule, le jour, c'est une cachotière.

Un peu de sport tout de même sur ta plaine : but ou essai,
foot ou rugby.
Aux beaux jours, les habitués sortent les cerfs-volants
et les frisbees.

À dada sur mon cheval, hippodromes de Longchamp
ou d'Auteuil.
Les pronostics hippiques vont bon train, la jumelle
est devant l'œil.

Seul ou en famille, nous arpentons tes sentiers à bicyclette.
Seul ou à deux, nous courons autour de toi en bouclette.

Chacun son propre parcours : de trente minutes,
d'une heure ou deux.
Musique sur les oreilles, parfois en tête-à-tête hasardeux.

La terre battue s'oppose à l'horticole, la décision
est mutilante.
Le combat fut accroché mais à la fin la conclusion
est accablante.

Mais que se passe-t-il dans les camionnettes qui gigotent ?
Les pilotes se garent, mettent le clignotant puis papotent.

N'oublions pas que la tempête Lothar de décembre 1999
t'a lourdement bousculé.
Désormais de nombreuses cicatrices sur ton visage,
mais tu n'as pas capitulé.

Aussi longtemps que possible, je continuerai à venir te voir.
Je dois te laisser cher Bois, fin du running dominical.
Au plaisir de te revoir.

AU COIN DU FEU TRICOLORE

Tu es partout dans nos avenues.
On te passe devant en discontinu.

Ton objectif ? Réguler les flux de circulation.
En permanence vigilance de la piétonnisation.

Figé, stoïque, impassible, tu ne bronches pas.
Imperturbable, inflexible, tu ne sourcilles pas.

Réglé comme du papier à musique, tes yeux clignent.
À cause (ou grâce) à toi, les conducteurs trépignent.

Nous te regardons sans même te dire « Salut ! »
Lorsque tu vois rouge, les véhicules devant toi confluent.

En vert, on te coiffe au poteau tout en enjolivant.
En file indienne, le ronronnement est énervant.

Tu peux compter sur ton ami le passage clouté
à chaque instant.
De grandes dents blanches parallèles et alignées, pneus
nonobstant.

De ton bonhomme, chacun veille à sa couleur illuminée.
Rouge, mieux vaut rester sur le bas-côté, vert, on peut y aller.

Dispersé dans l'espace public, tu maintiens une sécurité
globale.
Par moments, tu es acteur de quelques joutes verbales.

Malicieux, avec des panneaux de signalisation tu t'acoquines.
Lors de manifestations, on te grimpe dessus, on t'enquiquine.

Les kékés et les chauffards te grillent sans complexe.
Même le meilleur des pilotes ne peut gérer tous ses réflexes.

Aux intersections, tu supportes difficilement le bruit
des moteurs.
Du défilé des voitures, tu en es le chef d'orchestre, mieux,
l'organisateur.

Piétons attention, traversons en deux temps.
Coup d'œil à gauche et à droite si le jaune est clignotant.

Feu tricolore, tu gères du mieux que tu peux nos quartiers.
Comment fais-tu pour supporter cet incessant trafic routier ?

LE DUR LABEUR DES ÉBOUEURS

Messieurs les éboueurs,

Je vous admire, vous et votre téméraire profession.
Que vous soyez conducteur ou ripeur en mission.

Le matin, vous arpentez nos boulevards et nos rues.
Le soir, vous nettoyez nos impasses et nos avenues.

Métier au rythme de travail très soutenu.
Peu de répit, pas de pause, labeur discontinu.

C'est parti ! En avant pour la tournée des quartiers.
Responsable de la propreté, vous suivez l'itinéraire routier.

Gants, gilets, balais, ça y est, vous êtes parés.
Face à l'énervement, vous vous êtes préparés.

Vous grimpez dans votre beau camion d'un flambant vert.
Des conducteurs vous sont hostiles, certains ne manquent
pas d'air.

Homme de l'ombre à l'image malheureusement dégradée.
Face à vous des travailleurs pressés en vitesse rétrogradée.

Attention, un cycliste va débouler ! Les klaxons
sont persistants.
Dans la folle circulation routière, la vigilance est
de chaque instant.

On vous suit à la traîne en file indienne dans votre sillage.
Créateur malgré votre volonté de quelques embouteillages.

Saletés sur l'espace public direction le lève-conteneur.
C'est le jour des encombrants, y veille le camionneur.

Balayage et lavage des trottoirs les jours de marchés.
Indispensable corvée sur votre marchepied perché.

Vous travaillez par temps de gel ou de canicule.
Le dos se courbe, le corps se désarticule.

Alors ne gaspillons pas, trions ! Arrêtons de renâcler.
Connaissez-vous les 3 R ? Réduire, réutiliser, recycler.

Carton, papier, métal, électroménager, verre ou plastique.
Tâchons de vous éviter une rude journée de gymnastique.

Simplifions votre quotidienne tâche, gardons la bonne
attitude.
Ayons pour vous de la compassion, de l'humanité,
de la gratitude.

Ensemble, rendons notre ville élégante, ne soyons pas
flemmards.
Connaissez-vous la légende du colibri ? Chacun doit faire
sa part.

Respectons notre lieu de vie, n'est pas un gros mot
la poubelle.
Soyons fiers de rendre Paris encore plus éclatante
et plus belle.

TOUT LE MONDE FAIT LE TROTTOIR

En ville, tout le monde fait le trottoir.
Croisements de personnes aux mille et une histoires.

Rêveurs piétons et colorées poussettes.
Pressés conducteurs et électriques trottinettes.

Adultes tourmentés ou paisibles retraités.
Ados révoltés ou garnements agités.

Les pas sont lourds, parfois sont incertains.
En belle foulée, les joggeurs sont là tôt le matin.

Le trottoir accueille de variés styles vestimentaires.
Costumes, shorts, paires de lunettes autoritaires.

Ceux bien dans leurs pompes, les âmes solitaires.
Les sereins, les névrosés chroniques, les célibataires.

Un chien au bout d'une laisse en amitié avec un lampadaire.
Un ouvrier au dos cassé croise un vaniteux milliardaire.

Les arbres grillagés comptent le nombre de passants.
Tantôt personne, tantôt bondé, c'est un flux incessant.

Bonhomme rouge : sur le trottoir, les piétons s'agglutinent.
Bonhomme vert : sur le passage clouté, les piétons trottinent.

Les promeneurs ne peuvent passer en cause une voiture
sur un bateau.
Zigzags d'échafaudages, palissades de travaux ou de poteaux.

Slaloms du mobilier : abribus, sanisettes ou marchands
de journaux.
Sur une place handicapée, un blaireau sans-gêne tente
un créneau.

Les gens rentrent et sortent des bouches de métro.
Les gens rentrent et sortent plus ou moins frais du bistro.

Pour éviter la foule, balayage du regard en essuie-glace.
Coup d'œil insistant, parfois dégueulasse et même salace.

La vision est lointaine, vers le bas les pensées sont ailleurs.
« Arrête un peu ! » crie la mère à son enfant chamailleur.

Plan en main, les touristes vérifient les plaques de rue.
Peu de monde pour les aiguiller, la situation est incongrue.

Deux degrés, un sans-abri s'équipe d'un duvet : l'espace
public est son logement.
Quatre bouts de carton en guise de chambre, quel précaire
aménagement !

Si cela se trouve de toi, c'est un éloigné cousin.
Prenons un instant, faisons attention à notre voisin.

Usagers, mille et un chemins de vie.
Mixité culturelle, séduisant melting-pot, soyons-en ravis.

Usagers, mille et un visages de ville.
Pourquoi nous regardons-nous comme des fantômes en civil ?

Métro, boulot, accelerando, sourires dans les entretemps.
Personnalités derrière pseudos, vivons la ville à contretemps.

VIVEMENT VENDREDI !

Le lundi matin, la ville a du mal à se lever.
Le lundi matin, la ville a du mal à s'activer.
Elle lutte à se stimuler, la ville n'est pas motivée.
Elle est encore dans son sommeil en train de rêver.

Le lundi matin, la ville dort debout, elle galère à émerger.
Le lundi matin, la ville n'a pourtant le temps de gamberger.
De son week-end, elle n'en a pas assez profité.
Par son lit douillet, la ville se fait à nouveau inviter.

Le lundi matin, la ville a la tête dans le sac.
Le lundi matin, la ville est patraque.
Elle n'a pas du tout les yeux en face des trous.
De chez elle, elle en oublie même de fermer le verrou.

Elle soupire, elle enfile son pantalon à l'envers.
Grise mine, elle boit son jus d'orange de travers.
Elle rouspète, elle bougonne, elle peste.
Les yeux mi-clos, brouillons sont ses gestes.

Le lundi matin, la ville prépare sa besace à la hâte.
Le lundi matin, la ville a la culotte qui gratte.
La ville se cogne contre l'armoire.
La ville se voit déjà vendredi soir.

Le vendredi matin, la ville juge la réunion emmerdante.
Le vendredi matin, la ville trouve sa profession peu trépidante.
La ville tape du pied, elle trépigne d'impatience.
La ville se met d'ores et déjà dans l'ambiance.

Le vendredi matin, la ville souhaite retrouver son amant.
Le vendredi matin, elle veut décompresser tout simplement.
La ville souhaite déconner, s'amuser comme une folle.
La ville s'imagine déjà en main un cocktail agricole.

Le vendredi soir, la ville veut lâcher la soupape.
Le vendredi soir, le bar sera sa prochaine étape.
La ville, sur le chemin du retour, pense à sa grasse matinée.
La ville, éreintée de la soirée, enlève ses habits satinés.

Le samedi matin, la ville prend enfin du temps pour elle.
Le samedi matin, la ville se souvient de sa nuit sensuelle.
La ville ne regarde pas l'heure tourner.
La ville apprécie son copieux petit-déjeuner.

Le samedi soir, la ville se laisse porter par la mélodie.
Le samedi soir, la ville danse, on l'applaudit.
Le dimanche matin, la ville tenait mieux l'alcool avant.
Le dimanche soir, la ville se voit déjà le vendredi suivant.

TRAFIC ODORIFIQUE

Tôt le matin, la ville est prise d'assaut.
Elle non plus n'aime le réveil en sursaut.

Les scooters se faufilent, les motards remontent en interfile.
Jambe tendue en remerciement, ils sont habiles.

Les conducteurs sont enfoncés dans leur siège, regard
horizontal.
Agacés, impatients parfois prêts à en découdre en frontal.

Stand-by au feu rouge, court feu vert, puis rouge à nouveau.
Tête dans l'pot d'échappement, une tige verte s'échappe
du caniveau.

Le nuage grisâtre commence inexorablement à se former.
La radio résonne. De la pollution, les automobilistes
sont informés.

L'air ambiant s'embaume de douces particules fines
et de dioxyde de carbone.
Respirons, c'est si bon, ouvrons bien nos poumons,
ici on charbonne.

Dans *Hôtel du Nord*, Arletty parlait déjà d'atmosphère.
Urbanisation planétaire, respectons nos deux chéris
hémisphères.

Pressé, « Avance connard, j'ai un rendez-vous, vite, vite ! »
Dépêchons-nous, la planète a déjà attrapé une conjonctivite.

Urbains, tous concernés, c'est une question de santé
publique.
Effet bocal de l'habitacle, climatisation, l'air tourne
en cyclique.

Pare-chocs contre pare-chocs, navette quotidienne
domicile-travail.
« Les phares de derrière m'éblouissent, il n'y a rien
qui vaille. »

Circulation en accordéon. Paf, un accident ! « Pourquoi
cela n'arrive qu'à moi ? »
Une main sur la cuisse, le pilote regardait sa passagère
avec émoi.

Paume constante sur la boîte de vitesses, bien sûr pied
sur le frein.
C'est un trajet comme les autres finalement, toujours
le même refrain.

Deux heures de retard, la réunion est ratée, le contrat
tout autant, quel matinal épuisement !
Constat sur le capot puis garage, vous souhaitant
une bonne journée. Bien cordialement.

L'ARBRE EST TON AMI

Poumon vert dans un corps gris.
Si modeste devant son intensité.
Imposants dans nos espaces fleuris.
Ils sont notre vitale biodiversité.

Avec les arbres, soyons en complicité.
À la recherche de délicats touchers.
Caresser son écorce, soyons son invité.
Avec eux, nous pouvons nous brancher.

Certain, la connexion est excellente.
Bien mieux que celle de la maison.
Peu de risque qu'elle ne devienne lente.
Zéro panne quelle que soit la saison.

Ne sentez-vous pas sa sérénité ?
Les consciences sont en éveil.
Les sens sont en pleine capacité.
Les yeux fermés, on s'en émerveille.

Écoutons-les en séance thérapeutique.
Certifié bien-être psychologique.
Même les arbres entre eux se font du bien, c'est magique !
Sentons la nature, il n'y a pas deux expériences identiques.

LES SONORITÉS DE L'URBANITÉ

Qu'entends-tu dehors dans la ville ?

J'entends l'écho du clocher de l'église.
J'entends le marteau-piqueur qui fait des vibrations.
J'entends une bande de jeunes qui s'alcoolise.
J'entends d'un conducteur une brutale accélération.

J'entends le vent caressant les feuilles d'un platane.
J'entends le jaillissement des gouttes de la fontaine.
J'entends qui retentit la sonnette d'un vélo en titane.
J'entends de la péniche le cri du capitaine.

Mais encore ?

J'entends un rideau métallique qui grince très fort.
J'entends à grosses larmes un enfant qui pleure.
J'entends le ronflement d'un clochard qui dort sans confort.
J'entends une rixe qui éclate, l'un d'entre eux hurle sa douleur.

J'entends l'aboiement d'un beagle.
J'entends l'aboiement d'un bouledogue.
J'entends un couple qui s'engueule.
J'entends un couple qui épilogue.

Et quoi d'autre ?

J'entends une portière de voiture qui claque.
J'entends l'orage qui va nous prendre par surprise.
J'entends un moineau qui gazouille dans une flaque.
J'entends dans un bar un verre qui se brise.

J'entends dans le métro la résonance de l'escalator.
J'entends un taxi qui met son clignotant de gauche.
J'entends un épicier qui remonte son store.
J'entends une femme qui répète son entretien d'embauche.

Autre chose ?

J'entends au loin le sifflet du policier.
J'entends bip bip, c'est un camion en marche arrière.
J'entends une sirène enclenchée par un ambulancier.
J'entends une dépanneuse qui part à la fourrière.

J'entends une extraction d'air, quel boucan d'enfer !
J'entends la fermeture automatique d'un garage.
J'entends un aveugle qui se cogne contre une barre de fer.
J'entends un avion qui vole bas, attention atterrissage !

La ville, productrice de sons en dissonance auditive.
La ville, actrice de turbulences hyperactives.

PICHENETTE ET CIGARETTE

Et si nous arrêtions de jeter les cigarettes par terre ?
Si nous stoppions de tapisser le sol maculé cimetière ?

Inhalons mais avec élégance.
Avec doigté et en bonne intelligence.

Ne jetons pas notre mégot une fois achevé le plaisir.
La fumée est une extase, c'est un vaporeux désir.

Mais la propreté en ville, je crois bien qu'elle nous concerne.
Ne nous prenons pas pour un cow-boy sorti d'un western.

Sur le bitume, les petits rectangles orange en sont déjà bien
fournis.
Tristement aplatis comme des crêpes, le trottoir n'en est
que trop garni.

La rue est semée de millions de sèches encore humectées.
La rue en est jonchée, une pichenette et, hop, c'est éjecté !

Clope au bec mieux dans la poubelle que dans celui
des oiseaux.
La cigarette file sagement dans les océans et les lointains
ruisseaux.

Oui, car difficile à traiter en station d'épuration, salée sera
la facture.
Les gentils poissons les prendront pour de la délicieuse
nourriture.

Coincées dans les grilles d'arbres, cela limite leur croissance.
Donnons enfin à la nature urbaine une seconde renaissance.

Pas sur les pavés, il convient que tu t'abstiennes.
Pas de poubelle à proximité ? Qu'à cela ne tienne.

Optons pour la corbeille Bagatelle, celle munie d'un éteignoir.
Elles sont disposées partout en ville, partout sur les trottoirs.

Au choix, cendriers sur les tables extérieures des bars
et des brasseries.
Accolés aux murs et discothèques, soyons rusés même
en beuverie.

De poche, ils sont distribués par les buralistes.
Respectueux citoyens, ce n'est pas irréaliste.

Jeter dans le caniveau son bout cramé prend une seconde.
Adoptons l'éco-geste, cela n'est pas une idée féconde.

Cela prend bien plus de temps de le ramasser et de l'extraire.
Substances toxiques, métaux lourds et polluants funéraires.

Plouf ! Ce geste anodin pollue en moyenne 500 litres d'eau.
Pour la faune marine, ce n'est pas franchement un cadeau.

Écrasons, jetons, sourions, c'est tout à chacun d'y remédier.
Le petit ange sur notre épaule pourrait fort nous incendier.

Vivons dans une ville accueillante et toute nette.
Les mégots se recyclent, faisons-le pour la planète.

PRENDRE SON NAUFRAGE À DEUX MAINS

Aujourd'hui, il pleut à verse sur la Ville Lumière.
Il crache souvent sur Paris, ce n'est pas une première.

Mais la vue dégagée, même grisée, du Sacré-Cœur est jolie.
Même par ce temps ce quartier parisien ne désemplit.

Les gouttes épaisses remplissent les interstices des pavés.
Les touristes sont au rendez-vous, la chaussée est délavée.

Mais elle, elle est là, elle se perd sous les trombes d'eau.
La pauvre risque d'attraper froid, elle n'a rien sur le dos.

Elle descend les marches de l'escalier trempé,
elle a oublié son imper.
De *Singin' in the Rain*, elle ne peut refaire la scène
du lampadaire.

Les passants la scrutent d'un mauvais œil, pire, elle essuie
des injures.
Cela ne lui fait franchement pas plaisir, mais elle a la peau
dure.

Hop hop hop, elle s'échappe de ces médisances
par la rue Chappe.
Les Inconnus chantaient : *Pas possible que t'en réchappes.*

Elle croise la rue des Trois-Frères, le ciel gagne en clarté.
Rien à voir avec la présente histoire, c'est un petit aparté.

Rue en pente, elle profite du dénivelé pour aller
dans le caniveau.
En toboggan aquatique, elle est super-douée, bravo !

Pourtant, personne ne voit ses exploits, aucune attention.
Elle fait des cabrioles. Pour cela, elle mérite la mention.

À gauche, boulevard de Rochechouart, à droite,
celui de Clichy.
Sur son chemin, elle bute sur un ticket de métro défraîchi.

Dans la rue des Martyrs, elle continue sa route.
Elle fait des roulés-boulés sans déroute.

Elle longe l'église Notre-Dame-de-Lorette.
Elle reçoit sur la tête un mégot de cigarette.

On lui donne de nombreux coups de pied, ouille, ouille !
Elle ne bronche pas, elle est solide mais elle dérouille.

Sensible, elle n'a pas les pouvoirs de Wonderwoman.
Elle se repose un instant boulevard Haussmann.

La pause est déjà terminée qu'elle en a de nouveau marre.
Je ne mérite pas ça, arrêtez ce diurne cauchemar.

Elle atteint la place de l'Opéra en deux temps
trois mouvements.
La pluie tombe de plus belle, le bas-côté est en débordement.

Elle crie mais personne ne l'écoute, ça la rend dingue.
Elle valse, elle est écrasée, elle est fatiguée, elle valdingue.

Elle arrive dans le jardin des Tuileries.
À son égard fusent de toutes parts les railleries.

Elle est poussée par inadvertance dans la Seine.
Ouf, elle sait nager.
De ses longueurs, une fois de plus, personne n'est là
pour l'encourager.

Traversée des ponts Royal et de la Concorde, la tête
hors de l'eau.
Elle aperçoit ses copines dans la même difficulté,
quel fléau !

Elle galère encore et toujours, elle est à la limite de la noyade.
Remous sous le pont Alexandre III, quelle usante baignade !

À côté de celui de l'Alma, elle passe devant le musée
des Égouts.
Les effluves ne l'enchantent guère, elle est prise de dégoût.

Elle fait des tours sur elle-même, elle vogue contre vents
et marées.
Rigoler en ce moment ? Non pas vraiment, elle est loin
de se marrer.

Un espoir peut-être ? Elle devine au loin la statue
de la Liberté !
Limité dans ses mouvements, comment faire
pour l'alerter ?

« Good Morn... » Aïïïïïïïïïïïïïïïïïe ! Au niveau de la tête,
elle sent une piqûre.
Qu'est-ce que c'est ? J'ai mal ! Cela va lui laisser
une vilaine blessure.

Depuis tôt ce matin, le pêcheur guette le flot trouble assis
sur son siège.
Elle ne peut plus rien faire, elle est définitivement prise
au piège.

Lui espérait qu'un poisson naïf veuille bien s'accrocher
à son hameçon.
Quant à elle, les superlatifs manquent. Usée, claquée,
elle a des frissons.

L'homme, déçu, montre néanmoins une conscience
environnementale.
Pour lui, et c'est tant mieux, ce geste n'est pas
qu'expérimental.

Quel douloureux périple as-tu fait ! Ton repos est bien
mérité.
Que tu es courageuse, je te le dis en toute sincérité.

Entre bitume et écume, tu as parcouru de chahuts
kilomètres.
Alors que pour te jeter, il nous faut allonger le bras
de vingt centimètres.

Puisse son âme reposer en paix. Vis ma vie de canette.

MA DAME

Ma Dame,

À vous je me suis fort attaché.
Je ne peux plus me le cacher.

La nuit prochaine, je toquerai à votre porte.
Rien que d'y penser mon cœur s'emporte.

Je voudrais d'un geste faire tomber mon armure.
Avec vous je souhaite une délicieuse aventure.

Que je désire passer la main dans votre touffe charnue.
Que je lorgne devant vous d'enfin me mettre à nu.

Je suis tellement pressé de venir vous visiter.
Je me languis déjà de vos courbes, de votre humidité.

Vous me rendez fou, la sève monte en moi.
À vos côtés je perds mes repères, je suis en émoi.

Dans mon cerveau, toutes les émotions se confondent.
Dans ma conscience, les pensées sur vous vagabondent.

Puissent nos deux êtres s'enraciner et ne faire qu'un.
J'imagine à vous palper, à vous offrir un baiser coquin.

Je m'impatiente de me perdre dans votre buisson.
D'avance, j'en ai déjà de nombreux frissons.

Vous êtes si sauvage, vous êtes si féline !
Je n'en peux vraiment plus, je dégouline !

Lorsque vous vous effeuillez, mon cœur s'emballe.
Pour vous comprendre, pas besoin du verbal.

J'aime lorsque sur le sol vos habits tombent.
À cet instant ma raison devient hécatombe.

Pendant de longues heures je veux rester avec vous.
Je fantasme même à vous culbuter, je vous l'avoue.

Votre odeur me rend si euphorique.
Votre fragrance me rend si hystérique.

Je brûle de grimper sur vos monts nourriciers.
Vous êtes ma Belle au bois dormant, acceptez
ce rendez-vous princier.

Ne serait-ce qu'un instant, puis-je vous caresser ?
Belle plante que vous êtes, me laissez-vous vous embrasser ?

Ma Dame, que j'aime votre naturelle prestance !
À vos côtés je me suis acclimaté, cela a son importance.

Sans vous je ne peux respirer, vous êtes mon oxygène.
Cela m'est vital, j'ai besoin de sentir vos zones érogènes.

Dès la fraîcheur matinale, avec vous je veux batifoler.
En lisière de votre corps, mes cinq sens sont affolés.

Je rêve de passer mes doigts dans votre chevelure.
Comment faites-vous pour avoir si belles courbures ?

Votre fertilité est, me semble-t-il, insoupçonnée.
C'est ainsi, m'a-t-on dit, que la vie vous a façonnée.

Effleurer sensuellement votre peau ? J'en perds haleine.
Je vous serai fidèle en amour, soyez-en certaine.

Je suis enfin prêt à vous l'avouer, j'en suis sûr.
Je crois que je vous aime en secret, Dame Nature.

LES ODEURS AU FIL DES HEURES

À 7 heures, je sens l'odeur du savon qui perle
sur mon corps.
À 8 heures, je sens l'odeur du café brûlé, raté une fois
encore.
À 9 heures, je sens l'odeur du croissant sorti du fourneau
de la boulangerie.
À 10 heures, un parfum embaume l'ascenseur,
ma tête encore en songerie.
À 11 heures, je sens l'odeur d'une feuille A4 qui sort
de l'imprimante.
À midi, je sens l'odeur du cochon grillé abattu la veille,
pauvre bête !
À 13 heures, les frites huilées dégagent une odeur
répugnante.
À 14 heures, les insectes sont attirés par l'odeur
des pâquerettes.
À 15 heures, la salle de réunion chauffe de trop, en cause
le vidéoprojecteur.
À 16 heures, un incendie se propage dans un immeuble
à cause d'un obsolète disjoncteur.
À 17 heures, je sens l'odeur débordante d'une poubelle
qui dégouline.
À 18 heures, la pompe de la station-service fait gicler
la gazoline.
À 19 heures, je sens l'odeur des premiers effluves
de bières irlandaises.
À 20 heures, un banquier transpirant tente le dialogue
avec une Anglaise.

À 21 heures, la nausée monte en moi à cause de l'odeur du tabac froid.

À 22 heures, je sens une odeur de pisse imprégnée dans un passage étroit.

À 23 heures, c'est une odeur de caoutchouc, une voiture a pilé, les blessures sont proéminentes.

À minuit, rien à faire, le motard les yeux fermés va bien dormir, odeur de mort imminente.

D'1 heure à 3 heures, l'odeur de la pluie se disperse dans la ville.

De 4 heures à 5 heures, s'évapore une odeur de shit volatile.

À 6 heures, une odeur de fromage frais se répand dans les allées du marché.

À 7 heures, terminé bonsoir, je sens la fatigue monter alors je vais me coucher.

LEVONS NOS RÂTEAUX !

Disposons du végétal dans Paris.
Ajoutons-y du vert, c'est un joli pari.

Dans les jardins, les squares, mais pas seulement.
Réalisons des murs végétaux, mais pas uniquement.

En élévation, une partie est encore non usitée.
Dotée d'une capacité urbaine encore non exploitée.

Les toits, la cinquième partie de nos bâtiments.
Habitations, bureaux, de verre ou de ciment.

Ces façades horizontales tout en haut nichées dans le ciel.
Nous n'y allons jamais ou très peu malgré un fort potentiel.

Y traînent des tuiles oxydées, y trônent des bouches
d'aération.
Innombrables couvertures mornes dans
nos agglomérations.

Rares sont les personnes qui investissent ces planes
surfaces.
D'ordinaire laissées à l'abandon, tombant souvent
en disgrâce.

C'est vrai, les fréquentent nos super-héros Superman
et Batman.
J'allais oublier mon préféré, l'homme-araignée
alias Spiderman.

Spectaculaire, ils sautent d'immeuble en immeuble
en cascades acrobatiques.
Mais savent-ils que ces sommets sont le défi face
au changement climatique ?

Et qu'ils ont un formidable rôle à jouer dans la quête
de biodiversité ?
Certains déjà conçoivent des fermes urbaines et rivalisent
d'ingéniosité.

Ne pensez-vous pas que nous pouvons rendre la ville
plus coquette ?
Ne croyez-vous pas que nous devrions améliorer
sa silhouette ?

Adossons au gris des édifices une pincée de couleur verte.
Les tôles en zinc n'en sont encore que trop découvertes.

Sur les toitures plates de la capitale sont disponibles
des hectares.
Aujourd'hui, des expériences multiples sont testées,
il n'est pas trop tard.

La population mondiale va frôler les dix milliards
d'habitants en 2050.
Les deux tiers d'entre nous côtoieront le béton : probable
alimentation manquante.

Face à la pression incessante du mitage et de l'urbanisation.
Trouvons ensemble des alternatives écologiques, des solutions.

Avez-vous remarqué qu'agriculture rime avec toiture ?
Ces endroits perchés, producteurs de notre future nourriture.

Légumes, ruches, arbres fruitiers ou potagers.
Champignonnières, herbes aromatiques ou vergers.

Laissons tranquilles nos zones agricoles en périphérie.
Aménageons de nouveaux lieux cultivables et fleuris.

Aujourd'hui, le foncier parisien manque et coûte cher.
Saisissons cette chance, cette opportunité maraîchère.

Plantons, binons, mais de grâce, la tête dans les nuages.
Mettons les mains dans le sol nourricier en remuage.

Brin de nature et création de lien social, il doit se retendre.
Les hauts espaces sont à notre portée, ils nous attendent.

Collection printemps-été – automne-hiver : prise
de conscience de la saisonnalité.
Réduction du tout voiture, empreinte carbone, circuit court
et régionalité.

Évolution de la relation ville-campagne, nous en serons
tous bénéficiaires.
Du champ à l'assiette, culture locale, vente directe,
limitation des intermédiaires.

Changeons de paradigme. Agissons, levons nos râteaux !
Ne nous trompons pas, faisons les bons choix
environnementaux.

Armons-nous d'une fourchette et d'un couteau : frugalité
et repas gourmets.
Carottes, salades, aubergines, tomates, exquis et savoureux
mets.

Créons ce fil intime, étroit, qui nous lie à la terre.
Demain, nos enfants seront limités en alimentaire.

Pour cela, les villes sont un formidable terrain de jeux.
Nous avons rendez-vous avec la planète, mondial
est l'enjeu.

Alors verdissons ! Rêvons la réalité ! Modifions
notre idéologie !
Nouvel essor à quelques mètres d'altitude : botanique
et biologie.

Approchons-nous de la ravissante et délicate Dame Nature.
Chanceux que nous sommes, elle a donné sa candidature.

Élisons, votons pour qu'elle en devienne la souveraine.
Soyons cultivateurs, laboureurs, cueilleurs et semeurs
de graines.

Soyons acteurs de cette mutation, devenons agriculteurs
citadins.
Soyons consomm'acteurs de cette dynamique, devenons
jardiniers de l'urbain.

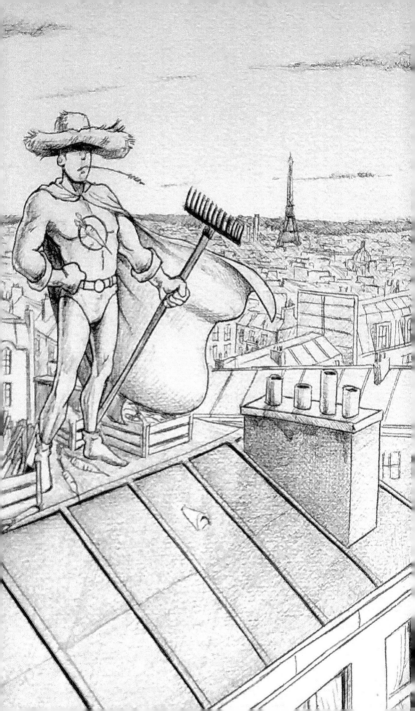

PLURALITÉ DE TEMPORALITÉ

Lundi matin, le réveil n'a pas sonné, je me lève yeux
fermés, j'suis encore en retard au boulot.
Lundi après-midi, mon responsable m'envoie en réunion
à l'autre bout de la ville, le salaud.
Lundi soir, plateau-repas devant la télévision, trop fatigué
pour aller au sport, j'suis trop ramollo.

Mardi matin, à la bourre sur mes comptes rendus
à terminer, je ne les rendrai jamais à temps.
Mardi après-midi, pas le temps d'avancer sur mes dossiers,
quel travail de titan !
Mardi soir, je cherche l'inspiration pour de nouveaux
textes installé dans ma couverture en tartan.

Mercredi matin, regards interloqués de mes collègues,
j'arrive au travail à midi comme une fleur.
Mercredi après-midi, le déjeuner m'a remis d'aplomb,
accompagné d'un 50 de bière, mon fidèle carburateur.
Mercredi soir, c'est pop-corn au cinéma. J'irai au sport
plutôt demain, mais à la première heure.

Jeudi matin, c'était pourtant rouge pour lui, un connard
me renverse avec sa bagnole.
Jeudi après-midi, dans la foulée, je fonce aux urgences,
j'ai manqué de lui mettre une torgnole.
Jeudi soir, proposition d'un rapide apéritif, promis sport
demain, car là, je discute avec une Espagnole.

Vendredi matin, échec total et mal au crâne, aujourd'hui,
je travaille fébrilement de la maison.
Vendredi après-midi, une course à faire, personne
pour m'épier au-dessus de la cloison.
Vendredi soir, pot de départ d'une collègue, sport décalé
au week-end, alcool en cargaison.

Samedi matin, grasse matinée devant la télé, enfin
du repos mérité, le cerveau est en compote.
Samedi après-midi, douche express, déjeuner sur le pouce,
je file voir une exposition avec des potes.
Samedi soir, anniversaire d'un ancien du lycée, direction
la discothèque, plein les poches de capotes.

Dimanche matin, un connard (un autre) perce un mur,
je ne peux me reposer, impossible de dormir.
Dimanche après-midi, je ne vais pas mieux, tête dans
les chiottes, bien entendu en train de vomir.
Dimanche soir, je songe à aller au sport. Mince, fermé,
bon, j'irai demain, assurément et sans frémir.

Lundi matin, le réveil n'a pas sonné, je me lève yeux
fermés, j'suis encore en retard au boulot.

BRILLANCE DE LA PLEINE CONSCIENCE

Il s'est levé de bon matin, il est de bonne humeur.
Rarissime chez lui, qui d'habitude est un gros dormeur.

Lui qui, en temps normal, au sommeil est plus que
prédisposé.
Mais aujourd'hui il est en forme, ses traits du visage sont
reposés.

Direction la salle de bains, il apprécie la douche aussi
courte soit-elle.
Il sait l'eau comme denrée rare, il l'applique en conviction
personnelle.

Comment va-t-il s'habiller ? Il prend son temps
pour choisir sa tenue.
Avec son café il se tartine deux tranches de pain
aux formes biscornues.

Il savoure sa matinée, il se languit de son petit-déjeuner.
Ce délice silencieux est à lui, l'odeur grillée lui chatouille
le nez.

Il quitte son appartement, il sent déjà l'appel de la végétation.
À peine quelques mètres à faire pour arriver
sur les quais de la station.

Bien installé dans le train côté fenêtre, il met son casque
sur les oreilles.
Une séance de méditation de dix minutes, ce bonheur
n'a pas son pareil.

Les voyageurs sont entassés au milieu de la rame
alors que les allées sont vides.
Pourquoi ne s'écartent-ils donc pas les uns des autres
afin d'être plus à l'aise ? C'est un peu stupide.

Lui est assis, il est tranquille, mains sur les genoux,
il ferme les paupières.
Téléphone portable pour la plupart, lui est en position
singulière.

Terminus, il se sent bien à l'arrivée du train en gare.
Détendu et apaisé, désormais ses pensées ne s'égarent.

Il continue son chemin à pied, il se sait en avance,
alors il délaisse sa correspondance.
Tellement pas pressé qu'il s'autorise une bifurcation
hors de son accoutumance.

La sagesse le caractérise, il est en dehors de son itinéraire
habituel.
Bien ancré dans le temps présent, il est hors de ses réflexes
rituels.

Il n'avait remarqué ces bâtiments aux excentriques
architectures auparavant.
Même ce parc au coin de la rue il ne le connaissait pas,
il se sent vivant.

Il s'installe sur un banc. De la nature, il est en connexion.
Cet espace vert est propice à la recherche
de son introspection.

Il est seul en ce lieu, hormis les oiseaux qui déjà ont pris place entre les feuilles.
Le soleil matinal caresse sa peau, il a même la compagnie d'un gentil écureuil.

Sans jugement, les stimuli sont à l'affût de toutes les senteurs.
Les oreilles sont ouvertes, les narines tout autant, il sent la fraîcheur.

L'air entre dans son corps, sa cage thoracique se gonfle, il inspire.
Il est ici, il est maintenant, dans l'instant, rejet des toxines, il expire.

Il est connecté à la Terre, il n'éprouve actuellement aucune gêne.
Il est en gratitude de s'accorder ce temps précieux, il s'oxygène.

Un vent délicat vient lui vivifier le visage légèrement.
Cette pleine conscience est passée si rapidement.

Serein, il se lève puis reprend sa route de manière calme, il est heureux.
Dans l'ascenseur du bureau, il croise un collègue aux yeux coléreux.

« Alors, prêt pour ce début de journée ? » lui demande-t-il d'un ton durci.
Il lui répond avec le sourire : « La mienne a déjà commencé, je t'en remercie. »

SÉVICES & VERSA

L'homme se fiche de sa planète !
Cessons une bonne fois pour toutes de penser que
Les choses avancent, petit à petit, jour après jour
Ne percevez-vous pas que

La sixième extinction de masse nous pend au nez
C'est trop facile d'affirmer que
L'humanité a la capacité de surmonter de grands défis
Ne voyez-vous pas que

L'être humain ne raisonne que pour lui-même
Il ne me semble vraiment pas que
Les consciences actuelles évoluent de manière positive
Ne dites pas de bêtises, enfin !

Individualisme et égocentricité rythment notre société
Vous pensez franchement que
Les associations écologistes réalisent un travail admirable
C'est ridicule !

Toutes les actions anthropiques détruisent l'environnement.
C'est totalement faux de conclure que
L'effondrement de la Terre n'est pas une fatalité
Soyons lucides, ouvrons les yeux !

Le déni climatique demeure encore aujourd'hui
Vous croyez sincèrement que
Les bons gestes quotidiens seront fructueux pour nos enfants
Combien de fois doit-on le répéter ?

Cela ne sert à rien !
Arrêtons de ressasser que
Les petits ruisseaux font les grandes rivières
C'est absurde !

Nous, terriens, nous ne savons rien accomplir de positif
Il y en a marre d'entendre toujours que
Partager les bonnes pratiques écologiques en vaut la peine
C'est débile de croire cela !

La bêtise humaine est partout !
Je n'admets définitivement plus que
L'homme se soucie des générations futures*

À relire de bas en haut.

UN MERCREDI D'ÉTÉ

C'est un mercredi d'été.

7 h 30 du matin, l'enfant se prépare pour l'école.
Sa famille habite loin, entre les champs agricoles.

Sa maman lui prépare son petit-déjeuner, en tête plein
d'idéaux.
Sur la table, deux gélules de vitamine C et un petit verre
d'eau.

Une fois repu, il file s'habiller dans sa chambre.
Il va peu se vêtir, nous ne sommes pas en décembre.

Il hésite, puis choisit un flambant maillot de bain jaune
et vert.
Sur son nez, une paire de lunettes de soleil aux épais
et teintés verres.

Avant de partir, sa mère, pensive, lui étale un peu de crème
solaire.
Indice 75, c'est nécessaire vu dehors la chaleur caniculaire.

Son cartable est prêt, il s'installe dans le sas
de téléportation.
Cinq secondes après, il est avec ses amis dans la cour
de récréation.

Il faut y aller, la leçon de géographie va bientôt commencer.
Cinquante-six élèves attentifs, rassurez-vous, la classe est bien agencée.

Mais auparavant, récitation, dictée surprise ou exercice linguistique ?
Rien de tout cela, l'interrogation porte sur le réchauffement climatique.

Sauver la planète Terre, est-ce réalisable ou est-ce une utopie ?
En dix minutes, le professeur humanoïde a corrigé toutes les copies.

Vient le déjeuner bien mérité, menu unique pour les fins gourmets.
Deux tomates cerises et cinq grammes de carotte râpée, on se le permet.

Pas de fromage ni de dessert, il n'en reste quasiment plus.
C'est dommage, un yaourt au chocolat lui aurait bien plu.

« Les enfants, cet après-midi, nous allons faire une activité trop géniale. »
Direction AquaGrandsBoulevards, nouveau lieu aquatique de la capitale.

La station de métro est inondée pour en faire une grande piscine.
Les enfants pataugent, les remous et le toboggan géant les fascinent.

Un climatiseur de vingt mètres de diamètre est installé
dans l'opéra Garnier.
Plus de place, complet, tant pis, ce sera à l'ombre des palmiers.

14 heures, la cloche retentit, la voix dit : « Mettez-vous tous
en sécurité ! »
C'est le couvre-feu *Soleil* instauré par la nouvelle
municipalité.

Un élève s'est brûlé au deuxième degré, il fallait
qu'il se couvre.
L'hôpital spécialisé le plus proche est celui du Louvre.

Il y a quelques années, c'était encore un musée très connu
dans le monde.
Aujourd'hui, il accueille ceux qui ont joué avec le feu,
on y abonde.

Le soleil a un peu trop caressé sa peau, il reste ici,
quelle mésaventure !
Ses petits camarades auront le droit d'aller voir un peu
de nature.

Le petit Pois de Boulogne, ultime écrin de verdure
de la région.
C'est le dernier hectare encore non décimé par contagion.

Exposition : *Retour sur l'extinction de l'espèce animale.*
« Maman, j'ai appris que les cochons pouvaient aussi avoir
mal.

Demain matin, c'est super, on va faire du bateau
sur le périphérique.
Et l'après-midi, ce sera tyrolienne à la tour Eiffel »,
il est euphorique.

En juillet, la directrice propose d'aller sur
les Champs-Élysées – Paris-Plage.
« Dis oui maman, je peux y aller ? Cette année,
j'ai été sérieux et très sage. »

Quelle fabuleuse journée !
C'était un mercredi d'été de l'année 2034.

TRAIN-TRAIN QUOTIDIEN

Lundi matin, dans une gare francilienne.

À l'arrêt du train s'ouvrent les portes automatiques.
La foule en sort de manière peu diplomatique.

Malgré ces quelques minutes, ce trajet reste une épreuve
à surmonter.
Quelques jeux de coudes mais j'arrive à monter.

La sonnerie retentit, un énervé se rue sur un siège
disponible.
Le train redémarre. D'avoir sa place, sa joie ne peut rester
qu'indicible.

Les pingouins sont accolés debout dans les couloirs,
la rame est pleine.
Main sur la barre centrale, pour respirer un enfant
est à la peine.

Certains passagers lisent le *20 Minutes* et terminent
par les mots croisés.
Les autres chérissent leur téléphone, ce petit animal
apprivoisé.

Ils sont là, facilement reconnaissables.
Comme envoûtés, têtes inclinées vers le bas, quasi
imperturbables.

Lucky Luke n'a qu'à bien se tenir, ils dégainent plus vite
que leur ombre.
Est-il trop tard ? Partout les urbains 2.0 sont plus
qu'en nombre.

Tous en rythme, ados, trentenaires ou quadragénaires.
Tous âges confondus, pianotent aussi les octogénaires.

Le pouce en chef d'orchestre, la gymnastique des doigts
est activée.
Dehors, les nuages sont exquis, mais les voyageurs sont
trop captivés.

Sur les réseaux sociaux, on distribue des pouces bleus
à vau-l'eau.
Like de la *Pic of the day*, *dislike* juste après, puis
finalement on *follow*.

Combien de cœurs virtuels à la minute va-t-on
pouvoir distribuer ?
Les images défilent encore plus vite que les gouttes
de buée.

On accélère, les phalanges tapotent sur les photos.
On a déjà cliqué sur cinquante clichés de gâteaux.

Durant tout le trajet, les émoticônes virevoltent
et les hashtags dansent.
Une adolescente découvre la vie trépidante
d'une influenceuse tendance.

Tiens, c'est qui cette fille ? se demande-t-elle. *J'en sais rien, je vais la suivre quand même.*
J'ai trop envie de lui écrire un message, comme ça elle croira que je l'aime.

Moi aussi, je rêve d'être une star, devenir mannequin si j'ai du bol.
Peut-être qu'un jour moi aussi j'aurai des followers, c'est trop stylé, lol.

Terminus, ses yeux sont remplis de paillettes.
À quel moment le monde est-il parti en cacahuète ?

Il fait froid aujourd'hui, le gel a fait son apparition la nuit dernière.
Un orage noir arrive en gare, mauvaises sont les prévisions saisonnières.

Focus sur son téléphone, elle ne semble impossible à déranger.
Sur le quai, distraite par son écran, elle glisse, attention danger !

La malheureuse tombe sur la voie d'à côté, un train arrive au heurtoir.
Personne ne l'a bousculé. Qu'elle se rassure, le voilà son moment de gloire.

ANIMOSITÉ PARISIENNE

La ville de Paris est déserte, ses habitants ont disparu.
Plus personne, même dans la plus petite des rues.

Se sont-ils entretués ? Était-ce un choix délibéré ?
De qui ou de quoi ont-ils souhaité se libérer ?

Y a-t-il eu une catastrophe ? Un cataclysme ?
Un virus a-t-il attaqué leur métabolisme ?

Le mystère reste entier quant à leur triste disparition.
En cette absence, d'autres espèces en profitent pour faire
leur apparition.

En effet, Dame Nature se délivre depuis le jour
où tout a basculé.
De tout son être, elle grossit à l'infini, elle en a la faculté.

Audacieuses, les feuilles tapissent les bâtiments.
La végétation recouvre tous nos plus beaux monuments.

Elle s'émancipe toute seule, elle a bien raison.
L'humain, lui, a perdu la sienne dans un sombre horizon.

Des milliers de racines d'arbres craquellent les trottoirs.
Ça y est, sommes-nous au tournant de notre histoire ?

Les animaux aussi ont investi Paris. Entre eux, aucune
agression, ils se respectent.
La communication s'effectue par des cris, des gestes,
aucune attitude n'est suspecte.

Du haut de la tour Eiffel, l'aigle royal assiste à la scène urbaine.
Nous pourrions nous croire dans une fable géante
de La Fontaine.

Au premier étage de la Dame de Fer, deux ouistitis jouent les équilibristes.
Les abeilles se partagent les derniers pétales d'un étal
de fleuriste.

Une girafe a repéré une jardinière accrochée à l'étage.
De son long cou, elle se régale de ce succulent grignotage.

Place Denfert-Rochereau, un lion léchouille une gazelle dans une attitude affectueuse.
La jolie demoiselle est ravie que l'on s'occupe d'elle,
elle paraît amoureuse.

Dans la fontaine Saint-Michel, un éléphanteau fait
sa toilette.
Pour le distraire, la famille canard lui envoie quelques
gouttelettes.

La vache et le jaguar se câlinent dans le jardin
des Tuileries.
En rencard ce soir, la guenon est en recherche
d'un ensemble de lingerie.

Un gorille entreprend la montée de la tour Montparnasse.
Le panda préfère la sieste sur un parterre de plantes
vivaces.

La tortue invite le lièvre à prendre sa revanche
avenue de Wagram.
De la place de l'Étoile, nous entendons les échos
du cerf qui brame.

Un renard et un corbeau se partagent un morceau
de fromage boulevard Haussmann.
Un tigre déambule dans le quartier de l'Opéra
à la recherche d'un cadeau pour son ami l'âne.

La porte du coiffeur est fermée. Un mouton se réjouissait
d'une coupe de printemps.
Un troupeau de chameaux marche paisiblement direction
Ménilmontant.

Le rat des villes donne rendez-vous à son cousin
des champs dans un égout de la rue Marbeuf.
Rue Papillon, la gourmande grenouille déjeune en terrasse
avec son copain le bœuf.

Devant une boucherie, la famille cochon pleure
ses congénères.
L'humain savait-il que les animaux sont des êtres sentients ?
Quel tortionnaire !

Blessé à la patte, un loup est secouru par un empathique
agneau.
Un buffle avance pas à pas vers le Champs de Mars
en coupant la rue Vaneau.

Dans le jardin du Luxembourg, se repose une famille
hippopotame.
Le zèbre constate le désastre causé par le feu
à Notre-Dame.

L'endroit lui semble familier. Un crocodile passe devant
une maroquinerie de la place Vendôme.
Un cheval lui demande où se trouve le plus proche
hippodrome.

Sortant d'une bijouterie rue de la Paix, un paon arbore
fièrement un collier en or.
Agrippé à un feu tricolore tressé de vignes vierges,
un koala est tout confort.

Deux pies bavardent du haut d'un réverbère rouillé
par la pluie acide.
Chez un primeur, un perroquet déguste un abricot
plein de pesticides.

Un kangourou mange l'herbe offerte par la généreuse
panthère noire.
Deux hérissons font une course contre la montre autour
de la place des Victoires.

Sur les Champs-Élysées, un babouin manque de se casser
la binette en essai de trottinette.
Chez l'opticien, la taupe essaie une paire de lunettes.

Dans une boulangerie, deux macaques s'amusent
avec des baguettes de pain.
Une antilope se prélasse dans le parc des Buttes-Chaumont
à l'ombre d'un sapin.

Un rhinocéros est lassé de tout casser sur son passage.
Signer un contrat assurance tous risques ? Cela serait
en effet plus sage.

Le paresseux est en recherche d'une agence immobilière.
Cela fait des mois qu'il quête chez l'autruche l'aide
hospitalière.

La Seine en crue n'empêche pas les cygnes de se divertir.
Un chaud lapin se dirige à Pigalle en remontant
la rue des Martyrs.

Paris, ancien lieu de vie de l'espèce humaine,
l'homo urbanus n'est plus.
Aménité environnementale et respect du vivant,
la nature est en surplus.

À Paris, les animaux cohabitent de manière harmonieuse.
Heureusement pour eux, les années futures seront heureuses.

Le jasmin et les lilas jonchaient nos boulevards et nos avenues. Soyons volontaires, prenons les rênes de cet élégant mouvement. Paris, ma belle ville, est définitivement une femme en belle tenue autour des monuments. Les arbres virevoltaient autour de la végétation apparue. Les feuilles semaient des graines et la végétation. Les habitants-maraîchers remplaçaient les pavés de nos rues. Les sentiers et les chemins.

La nuit dernière, j'ai fait un rêve en toute quiétude. Ma capitale avait changé de teint sans certitude. Les oiseaux gazouillaient d'une humeur blagueuse. Chantant un bel air d'une voix majestueuse.

RENCONTRES MÉTROPOLITAINES

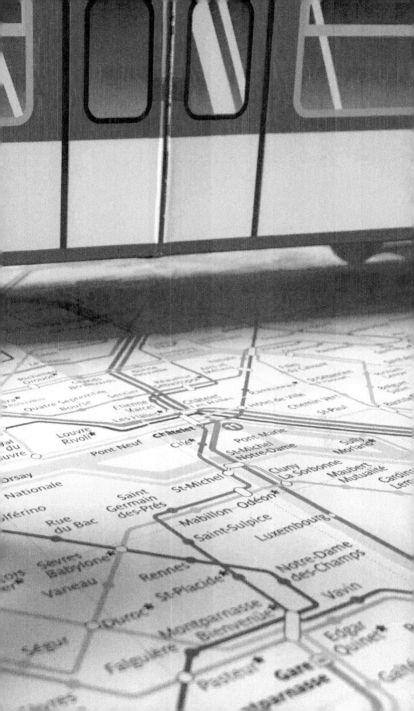

*Le métro parisien, sa foule, ses regards furtifs,
ses usagers aux styles variés, ses touristes parfois perdus,
ses longues correspondances, ses strapontins rigides
et ses signaux si distinctifs.*

*Le métro parisien, c'est aussi la mémoire
de l'histoire de France.*

Attention à la fermeture des portes, le métro va partir !

Le trajet s'entame par la station de La Défense,
devant la Grande Arche de 110 mètres de hauteur.
C'est une dense forêt de tours, non d'ivoire mais de verre
et d'acier. Aux vitres des présidents-directeurs.
Même axe, j'accède à l'esplanade de La Défense.
Sur sa statue, l'œil levé en calme promenade.
Se dessinent d'épaisses dalles, à cheval entre Puteaux,
Courbevoie et la RD 913 en rocade.
Traversée de la Seine par le pont de *Neuilly sa mère !*
Pour la boire, il faut être marteau !
Une brève discussion avec des inconnus d'Auteuil
et de Passy, c'est pas du gâteau !
Dans le mouvant de la station déserte Les Sablons,
je surnage, pas de regard accusateur.
Le Jardin d'acclimatation, la sérénité du Bois de Boulogne,
j'observe les cygnes du Lac Supérieur.
J'atteins l'échangeur Maillot. Un bain de foule et de corps,
je suffoque, grognon, je m'emporte.
Palais des Congrès, entre le 16e et le 17e, le métro est
blindé, semblable à sa porte.
À Argentine, une jolie jeune femme cheveux tirés
en arrière m'invite à danser un tango non négociable.
Originaire de Buenos Aires, elle m'envoûte, quel sublime
moment de grâce inoubliable !
En débarquant à Charles de Gaulle – Étoile, je rencontre
un camarade du primaire devenu caporal.
C'était son rêve enfant. Son métier lui en donne plein
les yeux. Son ambition ? Gradé général.
Unis comme les cinq doigts de la main, jabotent Bizet,
Brassens, Pompidou, Marchais et Feydeau.

Sur la mienne, je compte de 1 à George V, roi
du Royaume-Uni, contiguïté au cabaret du Lido.
Gouverneur de l'État de New York, Franklin D. Roosevelt
est listé 32ᵉ président des États-Unis d'Amérique.
D'origine néerlandaise, instigateur du New Deal durant
les années trente et la crise économique.
À Champs-Élysées – Clemenceau, je croise un homme
déguisé en tigre. Attitude déstabilisante et style douteux.
Par chance, il me laisse tranquille ; mon voisin de siège
aussi, Didier, un footeux.
Tel un éclair, arrêt plus que rapide à la station Concorde,
le conducteur ne traîne pas.
À la vitesse de la lumière, nous étions déjà à la suivante.
Comme un fou, il pila.
C'est le somptueux palais des Tuileries, ancienne
manufacture de tuiles, agrémenté de son fleuri jardin.
Le Jeu de Paume en complicité, certains Italiens débattent,
parlent avec les mains.
Palais Royal – Musée du Louvre, je discerne *La Joconde*
et La *Vénus de Milo* qui, elle, se délecte d'un marbré.
Les deux jeunes femmes conversent sous la pyramide
aux 673 plaques de verres arborées.
Louvre – Rivoli, 1190, château érigé par Philippe II
Auguste, arcades et rue effilée de trois kilomètres.
De luxueux hôtels aux beaux lits drapés et aux ravissants
balcons forgés devant les fenêtres.
Édifié par Louis VI le Gros, roi des Francs, je gagne
la forteresse du Châtelet. Étonnant car de chat,
il n'y en a pas un.
Très curieux car ce sous-sol urbain se localise à la croisée
des RER et de cinq lignes du métro parisien.
Contemplation un instant de l'Hôtel de Ville.
Malgré sa beauté, en récompense il n'a d'étoile.

Maison aux Piliers non loin du BHV, lieu de gouvernance
parisienne, un large parvis se dévoile.
Saint-Paul sous-titré Le Marais, référence à plusieurs
saints, bienheureux catholiques ou orthodoxes.
Ici, en lien avec l'église Saint-Paul-Saint-Louis,
dite des-Champs, attention au paradoxe.
14 juillet 1789, prise de la Bastille, la révolution est
en marche tout comme les multiples escalators.
Fureur et liesse dans la partie aérienne de la station,
on y admire des fresques en céramique multicolores.
À Gare de Lyon, adossé au beffroi, j'aperçois le Père Ache.
Il fait, bien sûr, la part belle à Dieu.
En montant dans ses trains, de touchants « Au revoir »
ou de potentiels déchirants adieux.
De la passerelle BZ/12, la vue est imprenable sur le jardin
de Reuilly, c'est exaltant !
À mes côtés une religieuse aux bijoux indiscrets, amie
de Diderot, s'en émerveille tout autant.
J'approche bientôt du but, pour l'heure, halte à Nation,
pas question de tourner les talons.
Le *Triomphe de la République* trône orgueilleusement
sur la place des Antilles, c'est selon.
Je rentre *via* la porte de Vincennes de l'enceinte
fortifiée. « Toc toc toc ! » Fermée, pire, cadenassée.
On me chuchote : « Qui va là ? » Je réponds : « L'ami
des animaux ». Autorisé à passer.
À Saint-Mandé, une dispute éclate entre le saint abbé
breton et une Normande.
La discorde ? L'appartenance du Mont-Saint-Michel.
Je voulais calmer le jeu, ils m'enguirlandent.
Nous sommes proches de la fin. Je songe au petit apéro,
bistro du coin, jouant une courte partie de tarot.
Je l'ai mérité, parcours quelque peu intensif. Famille

de vignerons, me voici désormais à Bérault.

Terminus au château de Vincennes. En Europe, l'une des plus culminantes forteresses médiévales.

Arrivé à destination ! Je grimpe en haut du donjon de 50 mètres m'émerveiller de Paris, ma capitale.

Ligne 2, amorce de mon circuit à Porte Dauphine,
l'année universitaire et les partiels sont terminés.
Fébrile, Marie-Antoinette, haute comme trois pommes,
manque d'y tomber, je tente de la réanimer.
Station Victor Hugo, mon voisin de banquette lit
Les Misérables, celui d'à côté, *Les Contemplations*.
Que de lecteurs d'emblée au début de mon trajet ferré,
un appétit culturel, une passion.
À Charles de Gaulle – Étoile, en fond sonore *La Bohème*
d'Aznavour, une belle demoiselle me cligne de l'œil.
Nous nous épions, qui fera le premier pas ?
Nous sépare un fauteuil.
Je devine l'Arc de Triomphe dans la perspective largeur
du métro Ternes.
L'Histoire lui mit parfois un « h » pour s'écrire Thernes.
On parle aussi d'une ferme nommée Villa externe.
À Courcelles, sa rue croise en perpendiculaire celle
de La Boétie, les ambassades ici sont en nombre.
Trottoir de l'hôtel de la Princesse Mathilde, barrière
de Paris, je la franchis sans encombre.
Un petit tour autour de la rotonde du parc Monceau,
une flânerie d'une minute.
L'air est doux le long de l'allée Michel-Berger,
les gens sourient, les enfants gentiment se chahutent.
Nous accédons à Villiers, hameau Villare si vous
préférez, le manège tournoie les marmots.
En vis-à-vis, deux amoureux se glissent dans le creux
de l'oreille des désirs à demi-mot.
Je n'ai guère le temps d'un *Week-end à Rome*, comme
le fredonne si joliment Étienne Daho.

Dans mes pensées : Colisée, fontaine de Trevi
et la chapelle Sixtine, regard captivé vers le haut.
Des voitures, des klaxons. Imperturbable, le maréchal
Moncey pose fièrement sur la place de Clichy.
Accolée à la statue, il me semble apercevoir *Chouchou*,
les vêtements un brin défraîchis.
Hier, la nuit blanche eut raison de moi, entraîné par
des amis plâtriers en curiosité du Moulin Rouge.
Pour la prochaine soirée, je me souviendrai qu'en levée
de coude : blanc sur rouge, rien ne bouge.
Je croise Jean-Baptiste, acolyte sculpteur qui, par
son responsable, vient de se faire tailler un costard.
Patachou, micro en main, chante *Pigalle*. Elle est acclamée
telle une star.
Court passage en Belgique, à Anvers. Mon ventre
gargouille, une impétueuse envie de frites.
Séjour express en région flamande, je n'en commanderai
qu'une fois, je me régale et j'en profite.
Barbès – Rochechouart, respectivement homme politique
et religieuse, jouxte la Goutte d'Or.
Armand et Marguerite ont leur station aérienne
sur un viaduc, le cinéma Louxor à proximité, j'adore !
Dédiée à sainte Geneviève, je rentre dans La Chapelle,
commune du département de la Seine.
Parfois, on y ajoute Saint-Denis. Dans le wagon, un couple
s'en roule une sans aucune peine.
Volgograd puis Tsaritsyne, différents noms donnés
dans l'histoire soviétique à la ville de Stalingrad.
Je bavasse avec une Moscovite en vacances
en Ile-de-France. Aïe aïe, le chauffeur rétrograde.
Curieux, je lis par-dessus l'épaule de mon voisin.
Il s'appelle Jean, son badge y fait mention.
Pause lecture à Jaurès. Le journal *L'Aurore* titré

J'accuse... !, j'y prête intérêt et attention.

Colonel Fabien, de son vrai nom Pierre Georges dit
Frédo, était militant communiste.

Il dévale les escaliers avant de s'engouffrer dans le métro
charmé par la mélodie d'un saxophoniste.

Instant détente dans le parc de Belleville. Les yeux
fermés, le vent glisse sur ma peau.

Les triplettes sont là, nous sommes à cheval sur quatre
arrondissements, sublime combo !

Arrêt Couronnes, un étudiant à la tête bien remplie
se prépare pour son cours d'orthodontie.

Jadis, on y ajoutait sous-Savies : montagne sauvage
en langue franque. Il m'inspire la sympathie.

Quartier à pente élevée, Ménilmontant est chantée
en 1938 par Charles Trenet encore jeunot.

Rue des Rigoles, rue des Cascades, rue de la Mare :
quartier contributeur à l'alimentation en eau.

François d'Aix est assis sur l'une en osier tressé présente
à l'entrée du cimetière du Père Lachaise.

Piaf, Montand, Delpech, Alamo, Bashung et Bécaud
reprennent en chœur *La Javanaise*.

Septième roi de France de la dynastie des Capétiens,
se faufile dans la rame Philippe Auguste.

Son plan d'attaque contre Richard Cœur de Lion,
roi d'Angleterre, avec minutie il l'ajuste.

Un pour tous, tous pour un, rappe un certain
MC D'Artagnan. Avec talent, il rima.

Nous avons le temps d'une visite au château
de Monte-Cristo, demeure d'Alexandre Dumas.

La prochaine station se trouve dans le mot *rénova*
que la RATP effectua en 2005 au cours du programme
Renouveau du métro.

Vous l'avez ? Oui bien sûr ! J'escalade le plateau d'Avron,

butte-témoin de la commune de Rosny. Un peu d'eau
ne serait pas de trop.

L'ultime étape ? Nation, les colonnes de Claude-Nicolas
Ledoux et une manifeste autodétermination.

Oh lumière ! J'entrevois l'édicule Guimard à cinq mètres.
Dehors, je prends enfin ma respiration.

LIGNE 3

Au hameau de Bécon-les-Bruyères, je débute la ligne 3
sur le pont de Levallois, de vertige un léger soupçon.
Nicolas du même nom et Jean-Jacques Perret en sont
les fondateurs. Ile de la Jatte et escalier en colimaçon.
Avec assurance, je débarque à Anatole France.
Nous n'avons encore dépassé le périphérique.
Écrivain et critique littéraire, il reçut le prix Nobel
de littérature sous la IIIe République.
Je lie connaissance avec Louise Michel. Elle me raconte
son parcours, son combat de tous les jours.
Militante anarchiste et féministe, la Vierge rouge arbore
le drapeau noir avec bravoure.
Dans le 17e, j'outrepasse Paris *via* Champerret.
Par la serrure de sa porte, je l'ausculte.
L'église Sainte-Odile régule la circulation des bus :
« Que personne ne s'approche trop près de mon culte ! »
Sans faire d'impair, j'aborde Pereire, Émile et Isaac,
deux frères, sous-titré Maréchal Juin.
Ils fondèrent la Compagnie des chemins de fer du Midi.
Vous avez l'heure ? Idem, ça tombe bien.
Juillet, en plein été, une bataille éclate dans le métro
entre un Français et un Autrichien.
La ville de Wagram se situe plus au nord de Vienne.
Ils se battent comme deux errants chiens.
Conversation avec l'académicien et magistrat
Chrétien-Guillaume de Lamoignon de Malesherbes.
Son nom n'est-il pas prédestiné ? Échanges d'astuces
en botanique et bienfaits des folles herbes.
La station Villiers côtoie le théâtre Hébertot,
ses machinistes, ses acteurs et les doublures.

La station se situe place Prosper-Goubaux, fondateur
du lycée Chaptal à quelques encablures.

Constantinople, Saint-Pétersbourg, Liège, Londres, Vienne
ajoutez-y Madrid, Europe continentale.

Simone Veil repose au Panthéon. Ce lieu signifie *De tous
les dieux*, nécropole monumentale.

Lentille intérieure, croisement avec la ligne 9, 12, 13
et la 14 automatique, le train entre à Saint-Lazare.

On se bouscule aux nouvelles portes de validation.
Avant c'était une prison, on ne vient pas ici par hasard.

La puissance du port du Havre ! Escale normande,
air des embruns de la Seine-Maritime.

Dans cette station, nous salue Antoine-Louis Lefebvre
de Caumartin, prévôt des marchands de Paris
sous l'Ancien Régime.

Pause musicale à l'opéra Garnier. Charles réalisa
sa construction sous le baron Haussmann.

Concerto en *si* bémol majeur, attentif, je savoure ce délice
exquis. Bienvenue aux mélomanes.

En astrologie, fête des Vierge le 4 septembre.
Lié à la Terre, l'un des quatre éléments classiques.

En 1870, défaite de Sedan et chute du Second Empire,
sera proclamée la IIIᵉ République.

Plus un rond, je vide ma bourse au palais Brongniart.
Vient de la famille flamande Van der Beurse, situation
inextricable.

Équipe rouge, équipe jaune, Denis nous attend.
J'ai mal misé et la sentence est irrévocable.

Après-midi shopping, quartier de confection textile,
je déambule dans le Sentier avec dextérité.

Rue du Chantier, rue du Centier, d'où vient le nom
de la rue ? Je n'en sais rien la vérité !

Un scientifique et naturaliste tente des expériences.

Son nom ? René-Antoine Ferchault de Réaumur.
Sur le siège de Sébastopol, un Ottoman au regard
belliqueux s'agite. Il est coiffé d'un casque
et vêtu d'une armure.
Devise du Conservatoire national des arts et métiers :
Il enseigne à tous et partout, rien à redire.
Le quai, carrossé en cuivre, ambiance Nautilus et capitaine
Nemo, steampunk et aussi Ouï-dire.
Square Elie-Wiesel, je rentre dans la maison du Temple,
en enclos des Templiers, aussi redéfini.
Ce lieu accueillit l'ordre de Saint-Jean de Jérusalem :
Ordo Hospitalis Sancti Johannis Hierosolymitani.
Le quai de Valmy et celui de Jemmapes cernent le canal
Saint-Martin, improvisée brasserie.
Place de la République, son monument fut commandé
aux frères Thiébaut et à leur fonderie.
J'aperçois Parmentier, Antoine de son prénom. Agronome,
nutritionniste et pharmacien militaire.
Il connut la notoriété pour la promotion de la patate, mieux
dit de la pomme de terre.
Dans mon effort et sans le faire, j'arpente la rue
Saint-Maur, ne pas tomber dans le fossé.
Bref échange avec le saint patron, il fait son trou
sans trop se presser.
En silence, je dépasse les grilles du Père Lachaise,
cimetière le plus visité au monde.
À porteurs, vide, de poste, longue, percée, haute
ou électrique : dernière solution moribonde.
J'avance pas à pas vers Léon Gambetta, ministre
de l'Intérieur, vivement il m'empoigna.
Je lui demande un autographe. Sur mon ouvrage
il le signa.

D'or à la branche de pêcher de sinople entrelacée en sautoir, garnie de trois fruits de gueules.
À Bagnolet, je toque à la porte des bains romains placardée Baignoletum. C'est parfait, je suis tout seul !
Sortie définitive à Joseph Gallieni, général de division, maréchal à titre posthume, mort en 1916.
Parc de Bagnolet ou parc départemental
Jean-Moulin – Les Guilands, nous accostons dans le 93.

Porte des Lilas, aussi appelée porte de Romainville. 1957,
avec Georges Brassens, film de René Clair.
Saint-Fargeau, Louis-Michel Lepeletier, conseiller
au Parlement de Paris, devint révolutionnaire.
Pierre de Pelleport, vicomte et général de l'Empire.
En 1841, nomination à la Chambre des Pairs.
Gambetta, prénom Léon, inscrit à la faculté de droit,
fréquente dans le quartier latin le café Voltaire.

Porte des Lilas, vu dans un clip de Jean-Jacques Goldman.
1971, de la ligne 3, séparation et section.
Saint-Fargeau, président de l'Assemblée nationale
constituante. De Louis XVI vota son exécution.
Pierre de Pelleport, Monarchie de Juillet, ralliement
aux Bourbons et Seconde Restauration.
Léon Gambetta, déchéance de l'Empire. 4 septembre 1870,
rôle dans la IIIe République et sa proclamation.

Porte des Lilas, site des Archives de Paris, mise à
disposition de dix millions d'images, 71 km de linéaire
de documents : quelle collection richissime !
Saint-Fargeau, premier martyr de la Révolution. 1793,
par le royaliste Pâris assassiné fut victime.
Pierre de Pelleport reçut la croix de la Couronne de fer.
Il écrit *Souvenirs militaires et intimes.*
Léon Gambetta, en 1982, émission d'une pièce de
10 francs à son effigie. Ça fait combien en centimes ?

Porte des Lilas, de la station Saint-Fargeau, on y accède *via* l'avenue Gambetta en la montant.

Saint-Fargeau, ancêtre de Jean d'Ormesson. Il détenait le château de Ménilmontant.

Pierre de Pelleport, en 1806, gagna lors de la bataille d'Iéna contre les Prussiens en affrontant.

Léon Gambetta, œil conservé dans le musée de Cahors Henri-Martin. Lot, département occitan.

Au nord de la ligne 4, je déboule dans le 18ᵉ à côté
des Puces de Saint-Ouen, métro Porte de Clignancourt.
Les gens s'engouffrent dans la rame avant de laisser
descendre, certains sont pris de court, sans issue
de secours.
J'pénètre dans la station de Simplon *via* le portillon
avec audace et aplomb.
Son tunnel relie la Suisse au Piémont italien. Je grimpe
son col alpin, panorama en surplomb.
Je m'les caille à Marcadet – Poissonniers. Les malheureux
thons sont remplis de mercure et de plomb.
J'vais encore être en retard au boulot, ça sent le roussi
pour moi, je n'suis qu'à Château Rouge.
Boulevard Barbès, boulevard de Rochechouart
et ses enseignes Tati.
Le conducteur freine d'un coup sec sans amorti, quel abruti !
Je n'le perds pas mais Gare du Nord, c'hui grave total'
à l'ouest.
Égaré à l'est et éclaté de la veille, j'hésite à m'taper
une petite sieste.
Averse torrentielle à Château d'Eau, la station est inondée,
faut que j'm'arrache, faut que j'bouge !
À Strasbourg – Saint-Denis, je croise la 8. Sur la 9,
y'a les keufs.
Endroit sympa et bon esprit, jusqu'à pas d'heure
on y fait souvent la teuf.
Arrêt Réaumur – Sébastopol, assis à côté du prévôt
des marchands de Paris, je tombe sur mes potes Marcel
et Étienne.
Une discussion d'une minute, ils ont rencard

avec des Américaines.

Les Halles, *Le Ventre de Paris* d'Émile Zola, Châtelet :
haut lieu de rassemblement de la capitale.

De blé, de farine, de draps, d'herbes, de vins,
les marchands déballent leur étal.

En souterrain, une véritable jungle urbaine,
une compétence abyssale.

Sur le devant de la Seine, c'est à la Cité que j'la traverse.

Contesté berceau de Paris, vestiges gaulois découverts
à Nanterre, historique controverse.

Boulevard du Palais, Vert-Galant, Notre-Dame de Paris
et pont Saint-Michel, je ne tergiverse.

Derrière la Conciergerie et l'Hôtel-Dieu, tête-à-tête
à l'archange et à sa fontaine qui se déverse.

Pause à Odéon, sur la place un air d'accordéon,
intersection avec la 10.

Le théâtre à l'italienne porte son nom. La pièce est réussie,
le public est comblé, les spectateurs applaudissent.

Debout, visage collé contre la vitre, un œil sur les pièces
à l'affiche, mes jambes s'alourdissent.

Dans le 6ᵉ, balade à Saint-Germain-des-Prés et visite
de son abbaye.

Un quartier médiéval, je fais une pause, les yeux grands
ouverts et ébahis.

Sulpice et Placide, une belle paire de saints sur ma ligne
rectiligne.

Câline, elle est fougueusement coquine et maligne
ma ligne, sur toute la ligne.

Le Pieux, évêque de Bourges, et le disciple
de saint Benoît sont offusqués, c'est indigne !

Père du métro parisien, Fulgence Bienvenüe a son nom
à Montparnasse.

Je me hisse dans la rame bondée, mais je repère une place
avec classe, je me surpasse.

Station Vavin, station Raspail, j'engage ma descente
dans le sud, un crétin m'enfarge.

Alexis, homme politique, s'insurge de la Grande-Pologne.

François-Vincent, politique aussi et chimiste, forge
le plaidoyer de Marie Lafarge.

Halte rapide en demeure chez Rochereau, je fixe une fille
mignonne, elle est d'enfer !

J'y vais, j'y vais pas ? Trop tard, elle descend
à la prochaine, quelle misère !

Trois pelés et un tondu à Mouton-Duvernet à proximité
du RER B, la grande sœur de la verte D.

Rocky s'entraîne villa Adrienne, Régis-Barthélémy
du régiment de la Guadeloupe dresse son équidé.

J'en vois enfin la fin, plus question de mots croisés
ni de bavarder.

Alésia, guerre des Gaules, ultime arrêt avant la porte
d'Orléans.

En 1899, Lionel Royer réalise *Vercingétorix jette ses armes
aux pieds de César*. Nombreux anachronismes
dans les équipements.

À l'écoute du signal, je me lève, les palières se referment
rapidement.

Tout en bas, je finis à Mairie de Montrouge dans
les Hauts-de-Seine.

Connexion avec la future gare de Bagneux – Lucie-
Aubrac : livrée à une date incertaine.

Tout le monde descend, signal de manœuvre rouge,
le trajet se termine.

Les contrôleurs sont là : « Votre titre de transport s'il vous
plaît ? », j'ai la grise mine.

Des explications farfelues, je cherche leur énième
indulgence.

Rien à faire, averti, je n'aurai pas cette fois-ci
leur complaisance.

Mon itinéraire commence à l'est de Paris, *Seine-Saint-Denis Style*, en chef-lieu la collectivité de Bobigny.
Vêtu de rose et bleu, Pablo Picasso nous accueille. Début d'excursion en belle et cubiste compagnie.
Limite communale de Bobigny et de Pantin, en latin Balbiniacum et Penthinum, Noisy-le-Sec frangée.
Raymond Queneau peaufine son roman *Zazie dans le métro*. Concentré, je n'ose le déranger.
Saint Germain, évêque d'Auxerre et gaulois, donne la messe. Des prêcheurs s'arrêtent en son église.
Coluche, assis à côté, s'exclame et heurte nos tympans *Tchao Pantin*. D'attention il cristallise.
Général français de la Révolution, d'un hochement de tête, dans la rame entre Lazare Hoche.
Il commanda l'armée de Moselle et bouta les Autrichiens qui étaient de l'Alsace en approche.
L'une des dix-sept portes de l'enceinte de Thiers, celle de Pantin se désigna porte d'Allemagne.
Sous-titrée parc de La Villette, Grande Halle, Philharmonie et Cité de la musique, le rythme me gagne.
Le canal naît à Mareuil-sur-Ourcq et rejoint le bassin de La Villette sur une centaine de kilomètres.
Une baignade dans ses eaux ? Vérifions toutefois sa fraîcheur avec un thermomètre.
À la prochaine station rappliqua Clément Vernhet de Laumière, général d'artillerie.
Siège de Puebla et expédition du Mexique. Les lumières s'éteignirent, sus à la cavalerie !
Jean Jaurès est né à Castres en 1859 et mort à Paris en 1914, assassiné avec un précis mode opératoire.

Plus de 2 370 voies de communication et pas moins
de 400 établissements scolaires portent son nom
en sa mémoire.

Voyage dans le temps, Stalingrad est localisée
à 900 km au sud-est de Moscou, la capitale.

Le fleuve Volga s'y écoule des collines de Valdaï
et se jette dans la Caspienne, mer d'Asie occidentale.

Des bagagistes patientent en gare du Nord. Elle est inscrite
au titre des Monuments historiques.

Les Eurostar et les Thalys défilent de quai en quai.

Allez-vous en Angleterre ou en Belgique ?

La gare de l'Est dessert Belfort, Dijon, Mulhouse, Colmar,
Nancy et aussi le Luxembourg.

Vous n'aurez pas l'Alsace et la Lorraine. Anciennement,
elle s'appelait gare de Strasbourg.

Je m'entretiens avec Jacques Bonsergent. De la Seconde
Guerre mondiale, il se risqua résistant.

Ancien élève de l'École nationale supérieure d'arts
et métiers, mon attrait pour son action est persistant.

Place de la République, lieu d'activités, de manifestations,
d'expressions ou de recueillements.

Ollie, switch, backside, frontside, varial flip, 3-6 flip,
les skateurs aussi s'y retrouvent habituellement.

Entre amis, je sors en apéro quartier Oberkampf. Je croise
Christophe-Philippe, schnaps à la main.

Il nous guida à Jouy-en-Josas dans sa manufacture royale
de toiles imprimées. Retour prévu demain.

François Richard, lui aussi manufacturier mais d'étoffe,
négociant en coton, adopta le nom de son associé : Lenoir.

Frédéric du même nom dédicace *Lettre ouverte
aux animaux*. Pour eux, y a-t-il encore une once d'espoir ?

Deux collègues parlementent. Le premier se nomme saint
Sabin, échevin nommé par le seigneur.

Le second, Bréguet, physicien et horloger, inventeur
du Tourbillon. À la bonne heure !

Pour décharger celui de Garnier, le président Mitterrand
décida en 1982 la construction de l'opéra Bastille.

Une personne passe le balai sur ses marches,
je vais justement en voir un, excité, je sautille.

Il habita le fief du même nom, monsieur de la Rapée nage
en Seine sous le pont Charles-de-Gaulle.

Point fromager mais commissaire général des troupes.
À quai, certains ont sorti leur plus belle gaule.

À côté de la gare d'Austerlitz, trois empereurs se livrent
bataille dans le Jardin des plantes et sur sa pelouse.

Elle dessert Étampes, Châteaudun, Vendôme, Orléans,
Bordeaux, Limoges et aussi Toulouse.

Marcel, un saint homme, neuvième évêque de Paris,
vainquit devant nous à mains nues un dragon.

Pour la sécurité de tous, la police mit la pauvre bête,
ce gigantesque reptile, dans un fourgon.

Nous gravîmes les Alpes italiennes, Campoformido,
province d'Udine, avec la Slovénie a une frontière
en communion.

Du latin « Champ Chaud », Campo-Formio nom vénitien
sans la lettre « D » mais ajout du trait d'union.

Diamètre de 200 m, dans le 13ᵉ, point de départ
de la route qui relie Paris à l'Italie.

Croisée de plusieurs boulevards : Auriol, de l'Hôpital,
Blanqui, le voyage est accompli.

Maintes rencontres sur la ligne 5. Mon trajet s'achève
sur la place avec une légère pincée de mélancolie.

LIGNE 6

Positionnée sur la place Charles-de-Gaulle, la flamme
de l'Étoile jaillit sur les douze avenues.
Sous l'Arc de Triomphe décidé par Napoléon Ier repose
le Soldat inconnu.
De la ligne 6 du métropolitain parisien, quelles
personnalités va-t-elle nous révéler ?
Validez votre titre de transport, attention à la fermeture
des portes, nous allons accélérer.
Jean-Baptiste Kléber surgit. De la guerre de Vendée,
il se croit encore chef des armées.
Bleus républicains opposés aux blancs royalistes, un agent
de la RATP arrive à les désarmer.
La rue de la Croix-Boissière n'est plus. Sa dénomination
actuelle a fait tomber la croix.
La coutume était de l'orner de buis le jour des Rameaux
à cet endroit.
Au palais de Chaillot, de nombreux touristes débarquent
au Trocadéro.
En 1823, Louis de France, duc d'Angoulême, entre
à Cadix. Sortez la sangria et les sombreros !
Dans les caves du musée du vin, Passi chansonne
Je zappe et je mate en bon rythme musical.
La musique enivre tout le quartier de Passy, le public
apprécie son bon niveau vocal.
La station Bir-Hakeim célèbre une victoire française,
lieu d'un point d'eau désaffecté dans le désert
de Libye. N'oubliez pas la crème.
Nous nous souvenons d'une apparition du pont éponyme
dans le film *Inception*. Il enjambe la Seine entre le 16^e
et le 15e.

Gouverneur de Pondichéry, ville du sud-est de l'Inde,
rentre en voiture Joseph-François Dupleix.
Il sera remplacé et renvoyé en France, succédé par Charles
Godeheu. Pour un rien, il se vexe.
Navigue Toussaint-Guillaume Picquet de la Motte,
officier de marine de la noblesse bretonne.
Motivé et vent debout, il se dirige direction Grenelle,
plaine sablonneuse, la mer moutonne.
Pierre sautille sur la place Cambronne encouragé
par Abba qui fredonne *Waterloo*, lui, chantonne.
Général du Premier Empire, il méprisa fermement
Arthur Wellesley, le duc de Wellington.
De Lutèce, Claude-Jacques Lecourbe, chef d'un bataillon
du Jura, s'engage dans la voie romaine.
Il file tout droit direction la Manufacture de Sèvres
en tête l'achat d'un bel ensemble de porcelaine.
Louis Pasteur réalise des expériences de microbiologie
avec méticulosité et agilité de ses mains.
Il élabore un vaccin contre la rage. L'encéphalite touche
autant les mammifères que les humains.
Fulgence, inspecteur général des Ponts et Chaussées,
nous souhaite la bienvenue.
À sa création, les oiseaux se cognaient contre les vitres
de la tour Montparnasse, quelle triste déconvenue !
Professeur au Collège de France, Edgar Quinet
dans son coin songe sur son strapontin.
Il bouquine *L'Enseignement du peuple* puis cède
sa place à une dame âgée, quel bon samaritain.
Fondateur de la cytochimie, se présente à nouveau
le botaniste François-Vincent Raspail.
Il fit goûter aux voyageurs son élixir assurant longue vie
à quiconque le boira. Lui aussi se ravitaille.
Le *Lion de Belfort* a été sculpté en bronze et avec précision

par Auguste Bartholdi.

Il représente la résistance de Denfert-Rochereau.

L'animal a de belles courbes arrondies.

Des pèlerins ascensionnent l'avenue de l'Observatoire.

Déjeuner rue du Faubourg Saint-Jacques.

Brel, Chancel, Dutronc, Higelin, Prévert, Tati et Villeret
sont à tablée, en main un verre de cognac.

Brin de frais, la glace des mares et étangs du lieu fut
entreposée au hameau de la Glacière.

Ces installations fixes aux propriétés isothermes sont très
utiles en période estivale. Exit la chaudière.

Arrêt pour une durée indéterminée à la station Corvisart,
nous avons un malaise voyageur.

Jean-Nicolas, médecin personnel de Napoléon Ier, tente
de diagnostiquer du passager ses rougeurs.

Nous arrivons place d'Italie. En mairie du 13e, je dois aller
chercher mon acte de naissance.

Pressé, je suis obligé néanmoins de faire la queue comme
tout le monde avec patience et obéissance.

Révolution qui se déroula à Paris du 22 au 25 février 1848,
je monte la Garde nationale.

À l'hôpital de la Pitié-Salpêtrière, un patient cabriole.

Le pauvre, sûrement un effet secondaire médicinal.

Lieu-dit de la commune d'Ivry-sur-Seine, au galop
à Chevaleret, ici pas d'étalon.

Les contrôleurs vérifient les tickets. Mon voisin, Achille,
s'enfuit si vite qu'il en a mal à son talon.

Station Quai de la Gare, la traversée de la Seine est
imminente, j'enfile mes brassards.

Temps de visite à la Cité de la mode et du design. Finalement,
je prends Voguéo, larguez les amarres !

Flânerie dans le parc de Bercy. Parterres, jardin
romantique et grande prairie composent sa verdure.

Il est situé à proximité du musée des Arts forains.
Les automates et les marionnettes accompagnent
ma lecture.
Jacques-François Dugommier reprit la ville de Toulon face
aux Britanniques en commandant l'armée d'Italie.
Il n'eut le temps de s'arrêter écouter le Pilou-Pilou
du Rugby club, pays de l'ovalie.
Pierre Daumesnil était général lors de la Restauration.
À ce propos, me ravirait maintenant une bonne glace.
Surnommé la Jambe de bois, personne ne lui laissa
de siège. Il demanda expressément une place.
Le quartier porte certainement ce nom à cause
de son insalubrité. La station ouverte nous envoie
une légère pointe d'air.
Ne pas confondre avec celui de Los Angeles cher
à Will Smith dans *Le Prince de Bel-Air*.
À Picpus, je retrouve un pote dans un bar rue
du Rendez-Vous à côté du square Courteline.
Grand besoin de lui compter mes états d'âme
et mon spleen, j'ai le cerveau qui mouline.
La statue centrale, sculptée par Jules Dalou
vers la place de la Bastille, y est axialement alignée.
Elle accueille désormais un peu de végétation,
nombreuses allégories de la Nation. Ici, des personnalités
y ont été guillotinées.
Fin de ligne, petite sieste dans le square Sarah-Bernhardt.
D'ici peu, mes yeux s'arrêteront de cligner.

À La Courneuve, les concerts s'enchaînent, l'ambiance
bat son plein à la Fête de l'Humanité.
Le 8 mai 1945, clap de fin de la Seconde Guerre mondiale
d'une barbarie digne d'une insolente inhumanité.
Au fort d'Aubervilliers, nous pouvons désormais voyager
en paix, feu les attaques de belligérance.
Le cimetière parisien de Pantin est tout à côté,
c'est le plus grand de France.
Station Aubervilliers – Pantin, un impoli gueule
dans son cellulaire.
Un voyageur courageux n'a besoin de quatre chemins
pour lui dire de se taire.
Je rentre dans la Ville Lumière *via* la porte de La Villette
percée elle aussi de l'enceinte de Thiers.
Cité des sciences et de l'industrie à proximité du Zénith,
la rouge et réputée salle de concert.
Conseiller municipal communiste de Paris, en pourparlers
sincères et francs avec Corentin Cariou.
Il me raconte son enfance à Loctudy dans le Finistère
et les soirées de cornemuses et de binious.
Péninsule au sud de l'Ukraine, nous effectuons une virée
en Crimée.
Le bateau quitte le port, nous sommes contraints d'arrimer.
Concentré, Pierre-Paul Riquet dessine les plans du canal
du Midi de croquis expérimentaux.
Aujourd'hui, son eau coule de Toulouse et va se jeter
dans l'étang de Thau.
Un écran est installé à Stalingrad, film de Jean-Jacques
Annaud avec à l'affiche Jude Law en vedette.
Les balles résonnent entre nazis et soviétiques, experts

de la gâchette.

De la couleur de leur nom, Michel, Laurent et Louis
partagent une bouteille de vin de but en blanc.

Les Bronzés, Coupe du monde 1998, ateliers sociaux :
de leur variée carrière ils font le bilan.

Le Château-Landon a son arrêt sur la ligne 7, mais c'est
aussi une commune au sud de Nemours.

Avant qu'Amélie Poulain ne prenne son train à gare de
l'Est, Nino Quincampoix va-t-il lui déclarer son amour ?

« Comment ça, il est pas frais notre poisson ? »
Ordralfabétix donne un coup de main à sa femme
de métier poissonnière.

L'étal d'en face, Panoramix prend soin de son gui
mais aussi de ses jardinières.

Il suit les conseils donnés par les frères Cadet qui,
sans trop de souci, binent tranquilles.

Une fois la leçon terminée, ils iront s'occuper du square
Montholon y installer un parterre de jonquilles.

Louis Le Peletier de Mortefontaine a rendez-vous avec
le marquis de La Fayette dans les salons de l'hôtel d'Antin
pour échanger sur la géopolitique franco-américaine.

Dehors, la chaussée est marécageuse, à l'intérieur l'eau
est dans le gaz. Le sujet porte sur l'appartenance de l'État
du Maine.

Adapté en film, *Le Fantôme de l'Opéra* est un roman
fantastique publié par Gaston Leroux.

Il écrivit *Le Mystère de la chambre jaune*, une histoire
de volets clos et d'un fermé verrou.

Place Vendôme élevée de sa colonne, nous débarquons
à Pyramides.

La presse interviewe le ministre de la Justice
pour une sombre histoire de morbide homicide.

Dans la cour d'honneur du Palais Royal sont érigées

les colonnes de Buren.

Dans le musée du Louvre, Belphégor reste introuvable,
il rend les gardiens schizophrènes.

Sur le plus ancien pont de la capitale, Henri III nous
prouve par neuf la solidité de son ouvrage.

Malheureusement, nous devons laisser ses explications
fortes intéressantes, le métro est en redémarrage.

Le théâtre du Châtelet est à ma gauche, le théâtre
de la Ville est à ma droite, je ne sais quelle pièce choisir.

Le premier se situe dans le 1er, le second dans le 4e,
je ne sais laquelle me ferait le plus plaisir.

Christophe, le guide est absent. Il fait le pont en plein
préparatif du plus beau jour de sa vie. Il se marie
à la fin de l'année oui.

Traversant la Seine en rive droite, son édifice relie la Cité
des arts à l'île Saint-Louis.

Le colonel François-Louis de Morlan, dit Morland, donne
à boire un peu d'eau du fleuve à son cheval.

Pour aller à l'Institut du monde arabe ? Le duc de Sully
nous indique qu'il n'y a qu'un faible intervalle.

La famille Jussieu est composée de véritables botanistes
aguerris.

Ils aiment se retrouver dans les arènes de Lutèce ou encore
à l'université Pierre-et-Marie-Curie.

Gaspard Monge, fondateur de l'École polytechnique, veille
à l'interrogation. Vive les mathématiques !

En place, prêt pour le contrôle ? Le sujet : géométrie
analytique. Vous avez quatre heures. C'est énigmatique !

Louis Jean-Marie Daubenton est le premier directeur
du Muséum national d'histoire naturelle.

La rue Censier est censée être celle de droite non ?

Je croise Passe-Partout rue de la Clef qui m'indique
la direction. Nous sommes à côté de la rue de Mirbel.

Jour de chance aujourd'hui, nous avons droit à une visite guidée de la Manufacture des Gobelins.

Des étudiants s'adonnent à reproduire en numérique ses tapisseries, d'autres préfèrent rester au fusain.

Le maréchal Juin réprimande en amende les chauffeurs à l'accélération généreuse.

Sur la place d'Italie, la baignade est autorisée bien que l'eau soit un peu trop chloreuse.

Zülpich, autrefois ville de Tolbiac, nous faisons cap sur l'Allemagne, plutôt la Germanie.

La bataille fut remportée en 496 par Clovis contre les Alamans : une belle zizanie !

Yes We Can ! Dernière station du tronçon commun de la ligne, je surgis au hameau de la Maison Blanche.

Le vol pour Washington DC est un peu cher, on y va quand même ? Il faut que l'on tranche.

Sinon, allons en Sicile, l'île aux portes de l'Italie ? L'idée me botte ! Les billets sont pris, la mission est accomplie !

Le roi, gardien de la porte de Choisy, souhaite nous présenter sa reine.

Son territoire s'étend de part et d'autre de la Seine.

Dans le 13e, Ivry en approche, la halle Carpentier ouvre ses portes au public. Une compétition d'escrime se joue aujourd'hui : que le meilleur gagne !

Au pied du moulin de la Tour, le grand Jean Ferrat chante *La Montagne*.

Pierre et Marie Curie, ravis de leur prix Nobel de physique, mutuellement se sourient.

Ils sont concentrés sur leur projet piézoélectrique.

Il ne semble pas y en avoir dans leur air mais se dégage bien plus un amour fleuri.

Les élus de la mairie d'Ivry ont été mécanicien-horloger,

ouvrier ou encore agent hospitalier.
Terminus gauche du tracé rose. À peine arrivé,
on m'écrase le pied droit, c'est fort cavalier !
Paris, Gentilly, Arcueil, Villejuif et Ivry-sur-Seine
cernent Le Kremlin-Bicêtre, les intimes diront KB.
Des Moscovites, en séjour dans la ville, demandent
à parler au tsar municipal. Niet, prenez attache
avec le cabinet, procéder ainsi est prohibé.
Est assis à ma gauche Léo Lagrange. Il s'occupe
des prochaines Olympiades populaires.
À Villejuif, ligne d'arrivée de la 7, ce dernier fend l'air
du parc départemental des Hautes-Bruyères.
Est assis à ma droite Paul Vaillant-Couturier, rédacteur
à *L'Humanité* et journaliste.
Plus tard, de Villejuif il en devint maire, puis participa
à la fondation du Parti communiste.
Est assis en face de moi Louis Aragon. Tourmenté,
il rédige *Il n'y a pas d'amour heureux*.
Terminus droit du tracé rose. À peine arrivé, on
m'écrabouille le pied gauche, c'est fort malencontreux !

Louis Blanc, journaliste et historien, de la IIIe République
a été député.
Témoin de la réalité du prolétariat, de ses positions
légitimistes il se sépare.

Jean Jaurès, socialiste, au lycée d'Albi fut professeur
de philosophie.
Fidèle à ses idées pacifistes, à la Première Guerre
mondiale il s'est opposé.

Simón Bolívar, surnommé le Libertador, fut général
et homme d'État du Venezuela.
La Campagne Admirable est l'une de ses actions
victorieuses durant la guerre d'indépendance.

Les Buttes-Chaumont : des rochers, des falaises
et des grottes. De l'eau de la cascade s'est égouttée.
Terrassement de milliers de m^3, inauguration en 1867.
L'espace vert parisien au plus grand dénivelé.

Markos Botzaris. Durant la bataille de Péta,
l'Empire ottoman il mit au défi.
Figure emblématique de la guerre d'indépendance
grecque, par la France et le Royaume-Uni fut soutenu.

Dans le 19e arrondissement, la place des Fêtes est
anciennement celle de la commune de Belleville.
Village sur butte, elle en organisait de nombreuses
devant son église.

Le Danube caresse les villes de Vienne, Bratislava,
Budapest et Belgrade, la mer Noire en repos.
Postée sur la place qui lui est dédiée avec son copain
le Rhin, la statue de la Moisson entame la récolte.

Pré-Saint-Gervais, station de métro intra-muros,
c'est la plus petite ville de la Seine-Saint-Denis.
Ni une ni deux d'ailleurs, je file au parc de
la Butte-du-Chapeau-Rouge pour un concert donné
en faveur de l'environnement.

Pointe sud de la ligne 8, j'assiste au match de l'US Créteil
au stade Duvauchelle : 1-0 strict minimum.
Du toit de la préfecture, panorama dégagé sur le lac
de Créteil, ici on y vient chercher sa carte grise.
Juste devant, hommage aux résistants et déportés
du Val-de-Marne, œuvre de Jean Cardot en fonte
d'aluminium.
Dans la bibliothèque du campus de l'université, je me
fonds aux étudiants, la leçon portant sur l'agriculture
urbaine est apprise.
À l'hôpital Henri-Mondor, bilan de santé pour les
voyageurs. Point de bruit pour ne réveiller les chats, je crois
qu'ils dorment.
Un brin trop de conditionnel pour la toponymie
de Maisons-Alfort, que je ne m'égare de trop du chemin
des Juilliottes.
Le record mondial du 100 m vient d'être battu au stade
Auguste-Delaune de Maisons-Alfort, c'est énorme !
À l'école vétérinaire, les amoureux des animaux prêtent
serment et préparent les antidotes.
Quelle formation choisir ? Pourquoi pas celle du
département de Productions animales et de santé publique.
Le conducteur du métro nous autorise une visite au musée
Fragonard.
Le dialogue s'avère difficile avec les habitants du lieu,
ce sont des squelettes, c'est plutôt logique.
Vue directe sur le pont de Charenton où l'on peut déceler
les conducteurs excités, visiblement déjà en retard.
8 heures, les filles et les garçons s'engouffrent
dans les écoles de la ville avec plus ou moins d'allégresse.

Bien pratique pour ceux fréquentant celle d'Aristide
Briand proche du métro. Une maman dit : « À ce soir mon
trésor. »
Les enfants, n'oubliez pas, Serge le lapin vous le rappelle
souvent avec justesse :
« Ne mets pas tes mains sur les portes, tu risques
de te faire pincer très fort. »
Si la Liberté est là, c'est que l'Égalité et la Fraternité
ne sont pas bien loin. De *La Marseillaise* avec *chérie*
la complète.
La porte de Charenton mène à Genève. D'un côté,
elle est serrée par la Petite Ceinture, de l'autre, par le Bois
de Vincennes.
L'ultime porte avant entrée dans la capitale brille dorée
comme Athéna qui aux passants tient la forte tête.
À ses côtés, Michel Bizot ajuste sa Légion d'honneur
de commandeur, les curieux fixent la scène.
Il a été, comme son prédécesseur de la ligne 7 Gaspard
Monge, directeur de l'École polytechnique.
Revoilà Daumesnil, il n'en démord pas. Il est à deux doigts
de chercher la bagarre.
Les Parisiens se souviendront du quartier Montgallet et de
ses prix compétitifs en matière de matériels électroniques.
À quelques pas de la rue de Reuilly, Diderot est attendu
à l'école Boulle pour donner un cours de critique d'art.
Antoine et David Chaligny sculptent le gouverneur Louis
Faidherbe en uniforme.
Un pont relie l'île Saint-Louis au continent,
pas à Paris mais au Sénégal.
Siège d'en face, Alexandre Ledru-Rollin rêve de suffrage
universel tout en lisant le journal *La Réforme*.
Coin, Chapelle, Trésor, Comté, Bertaudière, Bazinière,
Puits et Liberté. Huit tours en mesures égales.

La forteresse de la Bastille fut construite sous le règne
de Charles V, aux manettes le prévôt Hugues Aubriot.
Le long du chemin vert, atelier de jardinage offert à tous.
Tomates, carottes, salades : plus verte est notre main.
Le débriefing de cette session sera donné place des Vosges.
140 sur 140 mètres, Louis Métezeau l'a conçue avec brio.
Ficelé à un arbre, saint Sébastien, percé de flèches, crie
au martyr, il était officier romain.
Chabal, Folin, Loeb et Tellier sont en lecture publique
des *Chroniques* médiévales de Jean Froissart.
Des filles bénédictines prient en Notre-Dame
du Calvaire. Elles sont sereines et ne portent
sur leurs épaules aucun fardeau.
Esplanade André-Tollet, terrasses du commandant
Jacques-Blasquez et Émilienne Moreau-Évrard.
Depuis 2013, ouverture aux piétons de la place de la
République autrefois nommée place du Château-d'Eau.
Denis la Malice ? Ni un saint, ni évêque de Paris ou
de Strasbourg mais farceur avec un coquin sourire.
Le son de l'orgue retentit dans l'église. Bonne nouvelle,
le musée du Chocolat est tout proche. Allez-y avant
la pénurie.
À l'intérieur du passage Jouffroy, le caricaturiste Alfred
Grévin reproduit Arthur Meyer, le fondateur du musée
de cire.
Variétés, Nouveautés et bien d'autres théâtres composent
les Grands Boulevards. Qu'est-ce que nous avons ri !
Tout de rouge vêtu, grimpe en rame Armand Jean
du Plessis de Richelieu, cardinal à ses heures
et Premier ministre officieux.
À la jonction des boulevards Haussmann et des Italiens,
le général Antoine Drouot sort sa grosse artillerie.
Au café de la Paix, place de l'Opéra, nous nous délectons

d'un petit crème exquis et délicieux.

Figée sur le parvis de l'église, Marie Madeleine, témoin
de la Résurrection s'écrie : « Sorcellerie ! »

Jean-François Champollion, traducteur de hiéroglyphes,
fait sa toilette dans la fontaine des Mers.

L'obélisque de la Concorde est en linéaire historique.

L'eau de la fontaine des Fleuves, elle aussi, est
agréablement parfumée.

Émouvante et enrichissante conversation au salon
d'un hôtel avec les invalides de guerre.

Ministre de la Guerre justement, Victor de Fay
de Latour-Maubourg s'arme de patience pour visiter
le musée de l'Armée.

Louis XV est au garde à vous devant l'École militaire
avec le Champ de Mars et sa tour Eiffel dans son axe.

Sa maîtresse, madame de Pompadour, aussi sa favorite,
appuya activement le projet de construction.

Le bâtiment a été dessiné par Ange-Jacques Gabriel
sur une idée originale du maréchal de Saxe.

« Tous à bord, quittons Grenelle ! » La Motte-Picquet
met à l'eau l'ensemble de ses embarcations.

Dans le square Yvette-Chauviré de la rue du Commerce,
des riverains proposent à Félix Faure une partie
de pétanque. Va-t-il tirer ou pointer ?

Il raconte son parcours de président de la République
et de ministre de la Marine à ses nouveaux camarades.

Installé dans le kiosque, Aristide Boucicaut rêve
de Bon Marché. Dans la capitale, il cherche à s'implanter.

Quartier Javel, Frédéric Henri Le Normand de Lourmel
a rendez-vous avec Antoine-Jérôme Balard.

Vive et franche accolade.

Le pharmacien invite le général de brigade dans le parc
André-Citroën aux variés jardins sériels.

Treuil hydroélectrique et ballon captif pour la secrète transaction : une très forte quantité de brome.

Que veut-il en faire ? C'est ultra-nocif pour l'homme et l'environnement, digne de Nicolas Machiavel.

Cent cinquante mètres au-dessus de Paris, acerbe et diabolique sourire. *La mariée ira mal,* sordide palindrome.

La Seine Musicale, coque en bois et grande voile,
se la coule douce au côté du pont de Sèvres.
Industriel passé, quartier ouvrier et ses usines Renault,
Boulogne-sur-Seine fusionne avec Billancourt.
Georgette Agutte, artiste peintre et sculptrice, est son
épouse. Marcel Sembat fut ministre des Travaux publics,
directeur de la revue *La Petite République* et figure
emblématique de la SFIO.
Neymar, Cavani et Mbappé s'entraînent dans l'enceinte
du Parc des Princes de la porte de Saint-Cloud.
Exelmans, Rémy Joseph Isidore, général de cavalerie
sous Napoléon Ier, deviendra maréchal de France
sous Napoléon numéro 3.
9 scènes de la Genèse, Gabriel Molitor est en admiration
devant le plafond de la chapelle Sixtine peinte par Michel-
Ange.
Ouvrage de Michel-Ange, le dôme de la basilique Saint-
Pierre culmine à plus de 136 mètres. Son édifice n'est pas
dans la commune d'Auteuil mais à la Cité du Vatican.
Une rue porte le nom de Jacques Boé, dit Jasmin, poète
et lecteur public occitan.
Vadrouille dans le jardin, Lord Ranelagh, noble irlandais,
s'amuse du spectacle de marionnettes.
Édification du château de la Muette par le baron Henri
de Rothschild, Lucien Hesse en est l'architecte.
Aujourd'hui, il accueille le siège de l'Organisation
de coopération et de développement économiques.
Réapprovisionnement et acheminement de l'eau
de la Seine au château *via* une pompe. « Fini de pomper,
mon vieux ! À nous les rudes et sains travaux

des champs ! » Le lycée Janson-de-Sailly se situe
dans la rue éponyme.

Trocadéro et son ouverture sur le parvis des Libertés
et des Droits de l'Homme. Sur son cheval, Ferdinand Foch
s'émerveille de la Dame de Fer.

En 1806, bataille d'Iéna, encore une boucherie. Direction
l'Allemagne aller combattre les Prussiens du général de
Hohenlohe.

Elogieux, le long des rives du fleuve Alma,
François Séverin Marceau-Desgraviers déclare sa flamme
à Sophie, drôle de Zouave !

National Industrial Recovery face à la Grande Dépression.
Plus tard, Franklin D. Roosevelt brava l'attaque de Pearl
Harbor à Hawaï en plein milieu du Pacifique.

Multiples remaniements de l'église Saint-Philippe-du-
Roule dédiée à l'un des douze apôtres.

Idiophone et récital, le marquis de Miromesnil s'installe
au premier balcon de la salle Gaveau.

L'église Saint-Augustin a été réalisée par Victor Baltard.
Toute rénovée, toute belle, une flambante rosace recouverte
de feuilles d'or orne sa façade.

Le lycée Condorcet se situe rue du Havre. Caumartin
y donne un cours de commerce fluvial.

En épi garé sur la chaussée pavée, La Fayette interpelle
le duc d'Antin et lui demande si de bons coiffeurs existent
dans le quartier.

Nancy, ville de naissance et de décès d'Antoine Drouot,
Paris pour le cardinal Richelieu.

Equivoques et confusions des touristes souhaitant aller
à Montmartre. Ils descendaient à la station autrefois
Rue Montmartre. La butte et la basilique ne sont
en effet pas à Grands Boulevards.

Un Américain à Paris avec Gene Kelly est à l'affiche

du Grand Rex. À deux pas, peut-être trois, Notre-Dame-de-Bonne-Nouvelle est difficilement perceptible
du boulevard. Pour la trouver, il faut être bien luné.
Faubourg, rue ainsi que sa porte sont dénommés Saint-Denis du nom de l'évêque de Paris. Strasbourg, capitale
de l'Alsace du département du Bas-Rhin.
Composée de douze hauts-reliefs en bronze représentant
les faits marquants de l'histoire de France, la statue
se compose de trois plus petites, allégories de la devise
de la République. L'urne caractérise le suffrage universel
surveillée par le lion bronzé.
En 1738 à Wiesenbach, en Allemagne, naquit l'industriel
Oberkampf d'origine badoise. À ne pas confondre
avec l'eau pétillante.
Naissance probable de saint Ambroise de Milan à Trèves.
Il est l'un des quatre Pères de l'Église d'Occident.
Tremblement de terre de Lisbonne, Voltaire le mit
en poème. Naïveté de Candide et cultivateur de jardin.
Village de Charonne rattaché à Paris en 1859, le reste du
territoire sera réparti entre les communes de l'est parisien.
Impasse et square sont tous deux jardiniers. Je crois
d'ailleurs y avoir perdu ma carte Navigo, quel boulet !
Il y a une rue des Jardiniers, mais elle n'est pas dans
le quartier.
Nation, la place du Trône-Renversé en ancienne
appellation. Autrefois, les reptiles étaient aux aguets.
Guerre de 1870 contre les Prussiens, le château
de Buzenval (comme la bataille) est édifié sur le territoire
de Rueil-Malmaison.
Terrains fertiles aux abords de la rue des Maraîchers
et dans les jardins où se cultive la pêche de Montreuil.
Davout est en boulevard, le marché aux Puces de la porte
de Montreuil est ouvert les samedis, dimanches et lundis.

Expérimenté montagnard, Maximilien de Robespierre, surnommé l'Incorruptible, provoqua la chute des Girondins.

Une place rend hommage à Jacques Duclos, dirigeant du Parti communiste français. Il se présenta aux élections présidentielles de 1969. Nous sommes au métro de la Croix de Chavaux.

XIXe siècle, Georges Méliès construisit son premier studio de cinéma à Montreuil. Fin du trajet face à la mairie, je sors sur la place Aimé-Césaire, Django Reinhardt est en plein concert de jazz manouche.

Le dernier train de la journée quitte la gare d'Austerlitz.
Sous sa verrière, du compositeur Franz Liszt y fredonne
un doux refrain.

Installée sur l'actuelle faculté des sciences de Jussieu,
exista autrefois une halle aux vins. Du vin, c'est très bien,
mais qui va chercher le pain ?

Généralement, Virginie et Jean-Luc ne s'affichent pas
ensemble en public. Exception faite ce jour au sortir
du métro Cardinal Lemoine du nom de l'évêque d'Arras.
Un peu d'intimité sur un banc du square Paul-Langevin.

Nom du marché ouvert trois jours par semaine, nous
sommes place Maubert. L'église Saint-Nicolas-du-
Chardonnet (point trop d'excès) est en relation intime
avec la maison de la Mutualité. En 1965, ce lieu accueillit
Martin Luther King qui y donna une conférence en anglais
américain.

Edifice bâti au cœur du quartier latin, le musée de Cluny
et le Moyen Âge n'auront plus de secret pour vous.

La dîme n'est pas demandée à l'entrée. Juste derrière
domine l'université de la Sorbonne décidée par Robert
de Sorbon, de saint Louis est un chapelain.

Du grec ᾠδεῖον signifiant édifice consacré à la musique et
au chant. Sur sa façade, on peut lire : ODÉON THÉÂTRE
DE L'EUROPE. De sa rue, nous arrivons sur le boulevard
Saint-Germain.

Intellectuel et éditeur de textes religieux, Jean Mabillon
était aussi un moine bénédictin.

XVIIe siècle, monsieur de Babylone, Jean Duval, s'occupe
avec attention de ses jardins suspendus. Il envisage d'en
planter de nouveaux à Sèvres dans sa maison pas loin
de la route direction le territoire armoricain.

Durant les Trois Glorieuses de juillet 1830, Louis Vaneau,
élève de l'École polytechnique, guerroya au côté des
insurgés avec bravoure et entrain.

Uniforme de grand maréchal du palais, Michel Duroc est
l'une des ombres du petit Caporal. C'est du solide, c'est du
costaud. Sur les champs de bataille très probablement un
peu bourrin.

Marquis de Ségur, Philippe Henri était secrétaire d'État
à la Guerre sous Louis XVI. Par alliance grand-père de la
comtesse. À sa mort, Sophie ne put cacher son malheur et
son chagrin.

Étape et virage à La Motte-Picquet – Grenelle pour
un délicat changement de rime.

Thérèse Raquin déambule dans l'avenue dédiée
à son auteur. *L'Assommoir, Nana* et *Germinal* font partie
des vingt romans des *Rougon-Macquart*. Émile Zola
en chef de file du naturalisme.

Reconnu coupable d'un attentat contre un militaire
allemand, Charles Michels sera fusillé à Châteaubriant
au côté de Guy Môquet, son camarade de la ligne 13,
lui aussi militant du communisme.

Originaire de Haute-Savoie, Claude-Louis Berthollet
découvrit les propriétés décolorantes du chlore.
Une manufacture exista dans le quartier Javel.

Sur les quais de Seine, André Citroën conçoit sa *Type A*
appliquant les méthodes du fordisme.

Prière de faire silence en l'église d'Auteuil. Des concerts
et conférences y sont régulièrement donnés. En ses murs,
on pratique le catholicisme.

Outre-alpin naquit le florentin Michelangelo di Lodovico Buonarroti Simoni. La commune d'Auteuil était cernée par Boulogne-sur-Seine, Passy, Grenelle, Issy et un bout du département de la Seine-et-Oise. J'oubliais : Michel-Ange s'inscrit dans le mouvement de la Renaissance (de la Haute aussi un peu) ainsi que dans le maniérisme.

La porte d'Auteuil écoute les balles jaunes des courts de Roland-Garros. Sert (serres) pour le match. On galope aussi dans le quartier avec les activités d'hippisme.

Intégration de la commune de Boulogne-sur-Seine dans le département du 92 en 1968. En 1895, Jean Jaurès tint un discours *Patriotisme et Internationalisme*.

Talleyrand est l'ami du comte de Mirabeau, diplomate reconnu et orateur engagé au côté du peuple.

En 1775, ce dernier rédigea *Essai sur le despotisme*.

Amélie Lagache et Pierre-Alfred Chardon fondèrent une maison de retraite désormais intégrée au groupe hospitalier Sainte-Périne : un bel exemple d'humanité et d'altruisme.

Il file à la piscine qui l'honore sur son temps libre.

Gabriel Molitor et sa division combattirent les troupes autrichiennes lors de la bataille d'Essling en 1809.

David est debout à Florence, *Moïse* est assis à Rome. Les autres cordes à l'arc de Michel-Ange ? La poésie et l'urbanisme.

Nouveau musée Albert-Kahn de Boulogne prévu en 2021. Les jardins sont de styles français, anglais et japonais. En 1877, Alfred Sisley mit en peinture le pont de Saint-Cloud. Son mouvement ? L'impressionnisme.

Dans le métro, les corps se bousculent, se frôlent
ou s'entrechoquent, les corps se confondent.
Les regards, eux, s'évitent, scannent la foule
en automatique quelques millièmes de seconde.
Mais parfois, les yeux se maintiennent un peu plus
dans ceux d'une personne inconnue.
Le cœur s'agite entre les oscillations du métro
et ses secousses discontinues.
Montée du désir métropolitain, je n'ose y aller,
que va-t-elle penser de ma souterraine approche ?
Un léger sourire s'esquisse sur son visage, elle descend,
je ne bouge pas. J'ai raté le coche.
Les conséquences sont minimes, alors qu'ai-je à perdre
à tenter le dialogue ainsi ?
Un doux râteau ce n'est franchement pas grand-chose,
en revanche, c'est l'assurance d'un jardin réussi.

Les prisons du Grand Châtelet s'appelaient les Chaînes,
la Boucherie, le Puits, la Fosse ou encore les Oubliettes.
Dans sa station, un couple célèbre leurs noces de coton.
Perspicace, *Paris ne s'est pas fait en un jour*, pense-t-il.
Leur histoire est digne d'un roman-feuilleton.

Sur l'ancienne place de Grève, désormais place de l'Hôtel
de Ville, les deux statues, allégories de l'Art
et de la Science, se laisseraient bien tenter par un bain
dans l'eau onduleuse.
Dans sa station, un couple honore leurs noces de cuir.
Indécise, assise entre deux chaises, elle ne sait si elle doit
le fuir.

Le préfet Rambuteau trouva la capitale un peu sale.
Il y améliora les conditions d'hygiène, y planta
des arbres, y installa des fontaines.
Sa devise : *De l'air, de l'eau, de l'ombre.*
Dans sa station, un couple officie leurs noces de froment.
Excité, il lui propose un ménage à trois mais lui confie
cependant à son égard un total dévouement.

Fondé par l'abbé Grégoire, le Musée des arts et métiers
conserve près de 80 000 objets et 15 000 dessins.
Son exposition en sept sections est organisée.
Dans sa station, un couple fête leurs noces de cire.
Enivré, il se met en quatre pour elle, plein d'attirance
et de profond désir.

Le *Monument à la République* est une œuvre de Léopold
Morice. Marianne est coiffée d'un bonnet phrygien et tient
dans la main droite un rameau d'olivier.
Dans sa station, un couple respecte leurs noces de bois.
Attristés, la réception cinq sur cinq n'est pas de ce jour,
ils sont aux abois.

2019, le prix Goncourt a été décerné à Jean-Paul Dubois
pour *Tous les hommes n'habitent pas le monde de la même
façon*. De la récompense littéraire et de l'Académie,
Edmond et Jules en sont à l'origine.
Dans sa station, un couple glorifie leurs noces de chypre.
Désorienté, il est à six pieds sous terre. Dans quelques
heures, ils partent pourtant à Chypre (logique).

Le parc de Belleville est orné de 1 200 arbres et arbustes.
Son belvédère offre un joli panorama sur la capitale.
Coucou petite perruche. Dans le ciel virevoltent
de nombreuses espèces d'oiseaux.
Dans sa station, un couple se régale de leurs noces
de laine.
Transportés, ils jouissent, ils sont au septième ciel,
leur passion se déchaîne.

Signé en 1659, le traité des Pyrénées mit fin au conflit
entre la France et l'Espagne. Géographiquement,
la chaîne de montagnes est partagée entre la Nouvelle-
Aquitaine et l'Occitanie.
Dans sa station, un couple solennise leurs noces
de coquelicot.
Désabusée, elle fait les trois-huit au boulot, la pauvre
besogne comme un bourricot.

Le Jourdain se jette dans la mer Morte. Un ami espagnol,
Jesús (prononcez Ressousse), y effectua son baptême
de plongée. Où sommes-nous ? En Jordanie, pays d'Asie
occidentale.
Dans sa station, un couple arrose leurs noces de faïence.
Agacée, elle lui reproche que neuf fois sur dix, il oublie les
moments importants, il est médaille d'or dans les absences.

La place des Fêtes affiche sa transformation urbaine.
En ce lieu, les voitures deviennent obsolètes.
Dans sa station, un couple se plaît de leurs noces d'étain.
En ce moment, ce n'est justement pas la fête.
Pragmatique, il pense *qu'une de perdue, dix de retrouvées.*
Pour eux deux, ça sent le pétrin.

Le physicien Claude Chappe est l'inventeur du télégraphe, système de communication optique.
Dans sa station, un couple savoure leurs noces de corail.
Déterminée, elle lui prépare pour le dîner un bouillon d'onze heures, ils se chamaillent.

Métro Porte des Lilas, la station du cinéma
et des publicités. On y poinçonne parfois. Pas loin,
la station Haxo n'a jamais été ouverte.
Dans sa station, un couple chérit leurs noces de soie.
Il est midi un samedi, ils s'éveillent. Paris l'est déjà
depuis 5 heures. Depuis le réveil, il ne lui parle pas,
elle ne sait pourquoi, il la déçoit.

Mairie des Lilas en terminus. La devise de la ville :
J'étais fleur je suis cité. Fleurs de la famille des oléacées.
Dans sa station, un couple se délecte de leurs noces
de muguet.
Treize personnes dans la rame. Flattée par un inconnu,
elle se fait ouvertement draguer. Quel freluquet !

La ville, ses rues, ses jardins, ouvrons le regard
sur son urbain voisin. Une minute, décélérez.
La ville et son métro. Il est là, elle le voit, elle est là,
il la voit. La suite, c'est vous qui la ferez.

LIGNE 12

Station Front Populaire,
Ici, Aubervilliers est accouplée à Saint-Denis et son canal.
La coalition de gauche gouverna de mai 1936 à avril 1938
et envoya 386 députés à la Chambre angulaire.

Station Porte de la Chapelle,
Comme ses voisines de l'ouest parisien de la ligne 9 et 10,
la Chapelle était aussi une commune du département de la
Seine. En l'église Saint-Denys ce soir à 19 heures, concert
de gospel.

Station Marx Dormoy,
Maire de Montluçon, député, sénateur, il a été ministre
de l'Intérieur du Front Populaire (voir plus haut). Partie
de ping-pong au jardin Rosa-Luxemburg, nettement mieux
ici que chez moi.

Station Marcadet – Poissonniers,
Les marchands et mariniers de retour de la mer du Nord
franchissent le pont Marcadet *via* la rue Ordener.
En dessous sont en manœuvre des wagonniers.

Station Jules Joffrin,
Conseiller municipal de Paris, il s'opposa aux
boulangistes. Il m'a donné faim, vite, une pâtisserie. !
Quel jour sommes-nous ? Dimanche, je ronge mon frein.

Station Lamarck – Caulaincourt,
Armand le marquis est en détente sur la balançoire
des jardins du musée de Montmartre. Jean-Baptiste conclut
son ouvrage *Philosophie zoologique*. Installé au café Renoir,
pressé, il le prendra court.

Station Abbesses,
Bille en tête, une nonette rentre dans le funiculaire,
forfait autour du cou et paire de skis dans la main.
Une autre préfère aller au Mur des « Je t'aime », sa manière
à elle d'aller à confesse.

Station Pigalle,
Bouillants, Lully, Carpeaux et Poquelin trépignent
d'impatience devant le Folie's. Aïe, refus du videur.
Acteur de la scène, Élissalde leur propose d'aller plutôt
vibrer pour la France face au Pays-de-Galles.

Station Saint-Georges,
La charmante place circulaire représente le dessinateur
Paul Gavarni. En terrasse, Moustaki peaufine l'écriture
d'une chanson mais manque de s'étouffer avec son café,
vilain chat dans la gorge.

Station Notre-Dame-de-Lorette,
Dans cette église, Bizet et Monet y ont été baptisés.
Blasphème ! Sur l'autel, une demoiselle s'adonne
à quelques caresses. Les courbes de son corps
ne s'avèrent par conséquent plus trop secrètes.

Station Trinité – d'Estienne d'Orves,
Sa voisine de rue, elle, est dédiée à la Trilogie du Père,
du Fils et du Saint-Esprit. Dans le square à côté, Honoré,
officier de marine et résistant, s'improvise vétérinaire
et soigne son cheval de la morve.

Station Saint-Lazare,
Pour l'Exposition universelle de 1889, la gare subit une
profonde restructuration sous la houlette de Lisch, son
prénom c'est Juste. Elle fut mise en peinture par Monet,
la gare au sommet de son art !

Station Madeleine,
Frédéric Chopin, Édith Piaf, Dalida, et plus récemment
Johnny Hallyday ont eu leurs obsèques au milieu
des colonnes corinthiennes. Le 9 décembre 2017,
l'église était pleine.

Station Concorde,
Place conçue par l'architecte Ange-Jacques Gabriel.
Ici, Marie-Antoinette y perdit la tête. Dans mon casque
résonne la chanson *Suzette* de Dany Brillant, lieu
assurément peu propice, je vous l'accorde.

Station Assemblée nationale,
Prémisse du boulevard Saint-Germain, disette de députés
dans l'hémicycle du palais Bourbon. Le président perché
demande malgré tout le silence : cacophonie, brouhaha
et esclandre polytonal.

Station Solférino,
Constatant le sort des blessées lors de la bataille
de 1859, Henry Dunant créa la Croix-Rouge. En gare,
le musée d'Orsay oscille entre peinture, photographie,
sculpture et arts décoratifs. J'y go car libre créneau.

Station Rue du Bac,
Au XVIᵉ siècle, un bateau était nécessaire pour transporter
des pierres pour l'édification du palais des Tuileries.
Question : en quelle année sera inscrite la traversée
de la Seine à l'épreuve du bac ?

Station Sèvres – Babylone,
Dans la rue de Sèvres, une colonne Morris vante
les charmes de la Mésopotamie. Perché dessus,
un oiseau essaie de se faire entendre dans la dissonance
et la frénésie urbaine. Cui-cui, il s'époumone.

Station Rennes,
Galette de blé noir, kouign-amann et cidre brut, nos amis
bretons s'installèrent dans la capitale. La ville se situe
dans le département de l'Ille-et-Vilaine, il conviendrait
que tu l'apprennes.

Station Notre-Dame-des-Champs,
À défaut d'une fontaine Wallace à proximité de l'église,
Marie de Médicis, l'initiatrice du jardin du Luxembourg,
abreuve son chien Gromit dans le bassin principal.
« Rassurez-vous, il n'est pas méchant. »

Station Montparnasse – Bienvenüe,
Fulgence attend patiemment son train dans le jardin
Atlantique à côté de la place de Catalogne.
La nuit dernière était un changement d'heure. Et merde !
Cette année, il ne s'en est pas souvenu.

Station Falguière,
Alexandre, sculpteur de profession, sait également très
bien peindre. 14 h 30 rue du Cherche-Midi, debout contre
un mur, il esquisse *Diane assise*. Il pense fort à elle,
l'amour n'a pas de frontière.

Station Pasteur,
1888, année de l'inauguration de son institut, lieu
de grandes découvertes médicales. Dix prix Nobel, douze
départements de recherche. De molécules et de neurones,
Louis en est un formidable agitateur.

Station Volontaires,
Transformation de l'impasse en ruelle sur une initiative
de riverains libertaires. Dans le square à son nom,
Jacques Necker lit aux enfants malades des récits
imaginaires.

Station Vaugirard,
C'était une commune du département de la Seine. Cet arrêt
rend hommage à Adolphe Chérioux, conseiller municipal
du 15e. Comme d'habitude, on se lève, on me bouscule
et j'en ai marre.

Station Convention,
Nationale, elle gouverna la France lors de la Révolution
entre 1792 et 1795 après élection au suffrage universel
masculin. Je dévore des yeux une publication sur
la Ire République avec obstination.

Station Porte de Versailles,
Le traité mettant fin à la Première Guerre mondiale
ne se passa pas au parc des Expositions mais dans
la galerie des Glaces du château de Versailles
en juin 1919. Freinage et crissement du conducteur,
les voyageurs tressaillent.

Station Corentin Celton,
Le boulevard périphérique est franchi. Résistant
communiste et employé d'hospice, l'hôpital à deux pas
porte son nom, le parvis aussi. En mitoyenneté, le jardin
de la Cour d'Honneur fleurit. Précision, il était Breton.

Station Mairie d'Issy,
« Issy » signifierait « sous le bois » et viendrait de l'époque
gallo-romaine. Sur quel strapontin vais-je donc m'asseoir ?
Pas la peine, nous accostons. L'île Saint-Germain,
c'est par où ? Par ici, ok merci !

Campé sur le quai de la ligne 13, le métro va s'élancer
de l'altoséquanais département.
Station Châtillon – Montrouge, en limite de quatre
collectivités, Malakoff et Bagneux également.
Dans la première ville, un petit château y était construit.
En revanche, mon ignorance est totale sur son
emplacement.
Le cimetière de Bagneux est la propriété de la ville
de Paris extra-muros. Barbara y repose éternellement.
Concernant la seconde, la toponymie viendrait
de la couleur rougeâtre du sol.
Le carillon va bientôt va sonner, espèce de cloche !
Sur la colline de Malakoff, je suis installé en terrasse.
Quel bonheur, le soleil accompagne mon café-brioche.
Imprimeur, philologue et poète, je bataille un strapontin
avec Étienne Dolet, je m'y accroche.
Une impression qu'il veut en découdre, je préfère
le dialogue à la bagarre lui dis-je. Il se rue sur moi
et en arrache ma sacoche.
La place du 11-Novembre est celle de la mairie
de Malakoff. Bon point, elle est interdite aux autos
et aux motos.
Marguerite Duras vécut à Vanves. La commune abrite
le lycée Michelet. Autrefois, c'était un château.
De Paris, j'imagine que ses étudiants descendent plus
à Corentin Celton (vu sur la ligne 12) qu'au Plateau.
Impatient, Vercingétorix, chef gaulois des Arvernes, balaie
devant la porte de Vanves illico presto.
Un différend houleux l'oppose à Jules. Le lieu de la joute ?
Le parc Georges-Brassens, de Vaugirard les anciens

abattoirs.

Par le passé, au hameau de Plaisance, nous festoyions dans des guinguettes, ces lieux d'aisances, de plaisirs connus et fort notoires.

Joseph-Marie de Pernety est en ovation place de Séoul. Il conte devant public ses exploits de guerre et ses victoires.

La gaîté laisse place au recueillement dans les artères du cimetière du Montparnasse, oxymore et ville-dortoir.

Splendeur de la cité de Delphes perchée sur le mont Parnasse, je converse avec Fulgence Bienvenüe.

Nous devinons, assises dans les gradins du théâtre, les neuf muses, filles de Zeus, en légère tenue.

La sonnerie retentit, Duroc veut monter en rame. D'une main bloque la porte, il met le métro en retard, c'est débile et malvenu !

Il a son nom sur le pilier est de l'Arc de Triomphe. Il sera blessé lors de la campagne d'Italie, personnage reconnu.

Quieto ! Saint François-Xavier exige silence en son église des Missions étrangères, la foule s'accroît.

L'hidalgo relate ses missions aux Indes. Ses fidèles viennent de France et de Navarre de surcroît.

À Varenne, le jésuite espagnol donne la prière mais file pour une visite du musée Rodin avec en poche un passe-droit.

Même après recherches, difficile d'en connaître son origine : que nenni la fuite du roi !

Vue dégagée sur le dôme des Invalides et de son lanternon d'or. Quel bel édifice triomphant !

On file au musée ce matin ? Celui de l'Armée, des Plans-reliefs ou celui d'Air France ? Ce dernier est décoiffant !

S'ensuit une douce échappée dans les jardins des Champs-Élysées conçus par Adolphe Alphand.

En mythologie grecque, les âmes vertueuses sont
en repos après la mort. Des Enfers en sont locataires.
Viscérale curiosité : Palais de la découverte, Petit et Grand
Palais. Tarifs réduits pour les enfants.
Georges Clemenceau remonte la plus belle avenue
du monde d'un pas sec et autoritaire.
En vain, le premier flic de France tente de contenir
la colère des grévistes miniers contestataires.
Miromesnil a la tête plongée dans son ordonnance
sur l'abolition de la torture, il en relit ses ultimes
commentaires.
Le piano fait résonner quelques notes. Je pénètre dans
la gare Saint-Lazare puis dans la salle des pas perdus.
Lui semble totalement paumé. Jean-Claude Dusse
est planté face au panneau « Départ » en combinaison
de ski inattendue.
Tous à vélo ! Liège-Bastogne-Liège délocalisée capitale.
Bouchon, tête dans le guidon, roue voilée voire tordue.
Face à l'Empire allemand, la station aux fresques célèbre
la résistance de la Cité Ardente défendue.
En 1974, la place de Clichy est citée par Michel Polnareff
dans *Rosy* pour une relation intime et très câline.
En 2005, Julien Clerc en fera une chanson sur la pluie
froide et fine.
Bifurcation vers l'ouest, celle de Clichy, vers l'est, celle
de Saint-Ouen. Le métro se scinde en deux et un Y
se dessine.
Entre les deux dents de la fourche s'élève l'église
Saint-Michel-des-Batignolles à l'allure néo-byzantine.
Vu du ciel, les rues forment un triangle équilatéral.
Bâbord ou tribord ? Allez, côté gauche envisagé.
En promenade, je fixe un héron perché sur le lac du parc
Martin-Luther-King en ferroviaire aménagé.

Il est agencé en respectant les thèmes des saisons, du sport et de l'eau. Aussi Perlimpinpin, le nom d'un jardin partagé.

En pleine réflexion, André Brochant de Villiers écrit *Traité élémentaire de minéralogie* sur un banc ombragé.

Dans l'ordre : les Maréchaux, le boulevard de Douaumont (comme son fort) et enfin le périphérique.

Enceinte de Thiers, la porte de Clichy est désormais derrière nous, le théâtre Rutebeuf dispose d'une programmation éclectique.

Sortie Mairie de Clichy, déambulation végétale dans le jardin Roger-Salengro de style romantique.

Des administrés, des curieux, des amoureux de la nature patientent. Le maire s'improvise guide touristique.

Pont de Clichy, il sait la fin proche, Gabriel Péri termine son autobiographie d'une confession touchante.

Son titre ? *Les Lendemains qui chantent*. Il était membre du PCF, les vagues de la Seine sont clapotantes.

Métro Les Agnettes, une blondinette taille crevette, couettes et fossettes, yeux en paillettes, elle chante.

La promesse de sa mère ? Une journée patinage en récompense aux devoirs effectués. Quelle offre alléchante !

Fin de la branche nord-ouest dans le quartier des Courtilles à cheval entre Asnières-sur-Seine et Gennevilliers.

Gustave Caillebotte vécut dans cette dernière. Aujourd'hui, il met en peinture les ânes du stade Léo-Lagrange utilisé en enclos animalier.

Dans la station, une voix récite la lettre d'adieu de Guy Môquet. Les spectateurs émus sont installés dans les escaliers.

Militant communiste (avec son camarade de la ligne 10 Charles Michels) mais petite tête d'écolier.

Point de station à son nom, mais je veux connaître
le parcours de vie de Xavier Bichat, le pathologiste.
Porte de Saint-Ouen, secret sur sa vie, je tente de lui tirer
les vers du (boulevard) Ney, il était aussi physiologiste.
Saint-Ouen, palabre avec Giuseppe Garibaldi.
Ses détracteurs sont antirépublicains et antisocialistes.
Surnommé le héros des Deux Mondes, de l'unification
de l'Italie il en est un instrumentaliste.
Place de la République, saint Ouen, évêque de Rouen,
grimpe les marches de la mairie.
En Normandie, a-t-il connu Jeanne d'Arc ? Elle entend
des voix. Délire, névrose ou simple hystérie ?
Au milieu du carrefour, au pied de la tour vidée
de ses occupants, Ignace Pleyel lâche ses notes.
Public rime avec euphorie.
Compositeur autrichien, il fonda une fabrique de pianos
et une maison d'édition musicale à Paris.
Saint-Denis – Porte de Paris, pleine lucarne sur le Stade
de France aux variés événements sportifs.
Inauguration en 1998 lors de la Coupe du Monde de
football. Son toit en anneau de Saturne est inventif.
Le 12 juillet 1998 : Et 1 et 2 et 3-0, match France-Brésil.
Symbiose nationale et bonheur collectif.
La basilique de Saint-Denis a vu Mérovingiens,
Carolingiens et Capétiens s'enchaîner en règne successif.
Nécropole gothique, voisine de l'hôtel de ville.
De sa sublime façade, les touristes s'en exclament.
Blason du Royaume de France : *D'azur semé
de fleurs de lys d'or*, le martyr le proclame.
À l'université de Saint-Denis, Grand Corps Malade
a rendez-vous ce matin pour un cours de slam.
À peine arrivé que ses étudiants du jour,
chaleureusement, l'applaudissent et l'acclament.

Station Saint-Lazare,
L'œuvre *Consigne à vie* se situe dans la cour de Rome,
L'Heure de tous est dans celle du Havre.
Toutes deux signées Arman, sculpteur et plasticien.
Le matin en semaine, chahut et bazar.

Station Madeleine,
Marie de Magdala pleure la perte de son mari Marcel que
le temps fit partir trop vite. En réconfort, elle est attendue
chez Swann, son meilleur ami. Elle descend à la prochaine.

Station Pyramides,
Napoléon Bonaparte et Mourad Bey se bataillent une place
assise, mutuellement ils s'intimident.

Station Châtelet,
Sur le rebord de la fontaine du Palmier, deux copains
musiciens chantonnent quelques couplets.

Station Gare de Lyon,
Descente à gauche, desserte d'un grand quart Sud-Est
de la France. Lors des vacances scolaires sous la verrière,
c'est la folie ! Pour attraper son train, c'est la rébellion !

Station Bercy,
Son boulevard accueille le palais omnisports de Paris.
C'est vrai, ce n'est plus son nom. Pourquoi avoir accolé
une marque à cette salle ? Les rames se vident peu à peu,
la foule dégrossie.

Station Cour Saint-Émilion,
Appellation d'origine contrôlée, vignoble de Bordeaux,
les grappes de raisin sont vendangées par million.

Station Bibliothèque François-Mitterrand,
Elle figure symboliquement quatre livres ouverts. Tour
des Temps, des Lois, des Nombres et des Lettres. Pour
étudier, c'est inspirant !

Station Olympiades,
Les immeubles de la dalle portent le nom des villes hôtes
des Jeux olympiques d'hiver et d'été. Les couleurs sont
somptueuses lors du défilé du nouvel an chinois
et de sa parade.

Inventif ! Plan des stations du métro de Paris
en anagrammes par Gilles Esposito-Farèse.
Volte-face de la ligne 14, attaquons-les sans parenthèse !

L'Idole sympa que j'étais et que je reste savoure
les films de Bruce Lee surnommé Le Petit Dragon.

Fier, l'errant Don Quichotte s'imbiba de *tinto de verano*
jusqu'à plus soif. Il tituba tellement que de la passerelle
Simone-de-Beauvoir manqua peu de chuter.

Mon atour sicilien, porté par Claudia Cardinale, lui sied
à ravir. Sur le quai, *La Fille à la valise* la jalouse.

Bryce de Nice débarque planche sous le bras
dans la capitale. Dessous du pont, la Seine est plate.
Pas certain que cela farte.